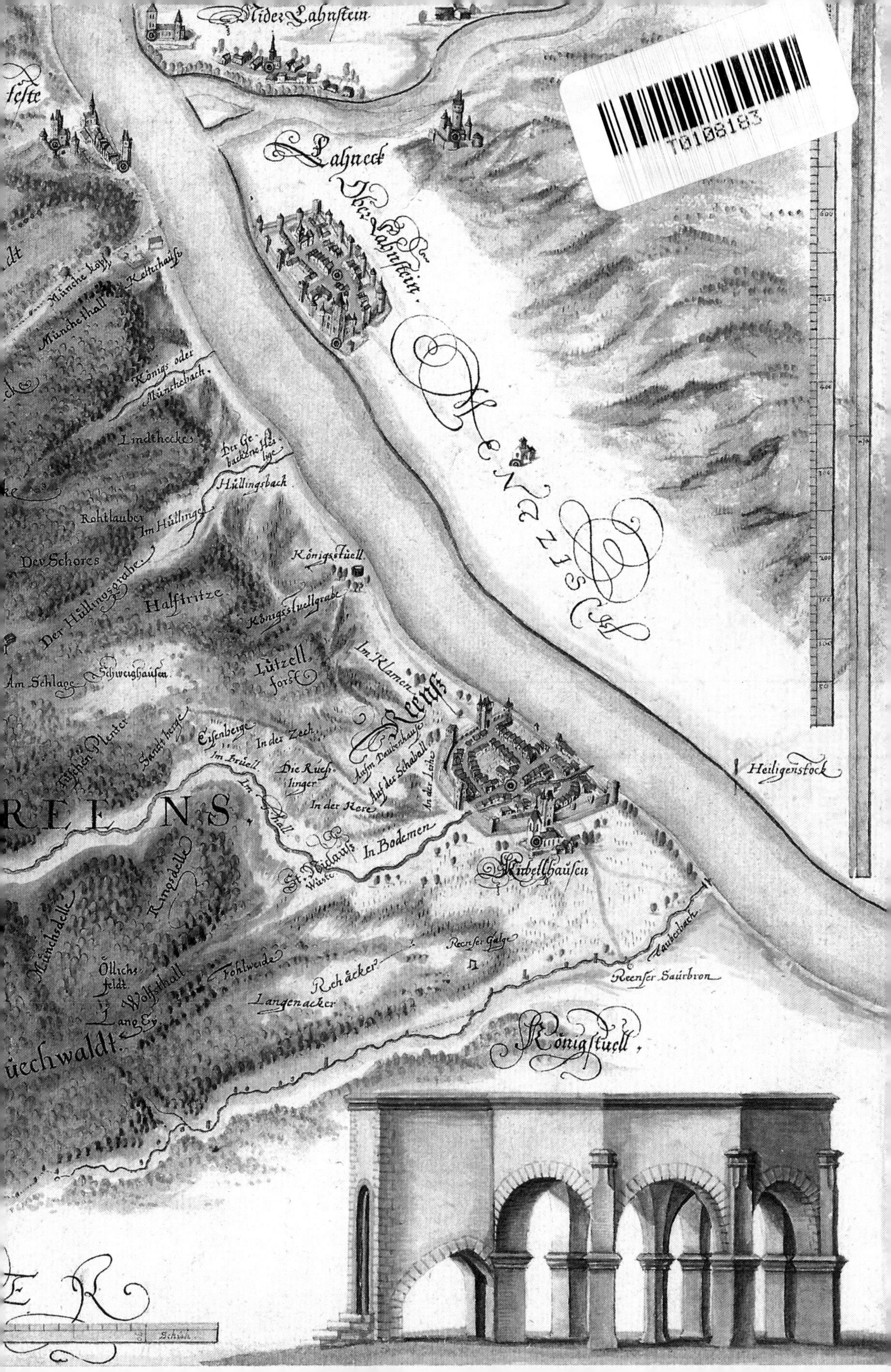

Nider Lahnstein

feste

Lahneck

Ober Lahnstein

CenNaZISCN

Müncke lapp

Kelterhauß

Münchethall

König: oder Münchebach

Lindtheckes

Die Gebackene Steyer

Rohtlauber

Hüllingsbach

Im Hüllinge

Der Schores

Der Hüllingsgrabe

Königsstuell

Halftritze

Königstuellgrabe

Am Schlage

Schweighausen

Lützell forst

Im Klamen

Heiligenstock

Eisenberge

In der Zech

Hoher Plenter

Sandt berge

Im Brüell

Die Rüeßlinger

Reenß

Im Stall

In der Here

In Bodemen

St. Widaus Wüste

Kubellhausen

REENS

Münchdelle

Ringsdelle

Öllichs feldt

Wolfsthall

Fohtweide

Rchäcker

Reenser Galg

Reenser Saürbron

Taubelsbach

üechwaldt

Langenacker

lange Ey

Königstuell

E R

3 Schuh.

Der Königsstuhl bei Rhens

Alexander Thon · Johannes Erichsen

SCHNELL + STEINER

iii patons vel regis
tomanor in medi-
ate post Archiepin
tra agitianesi vel Co
loniesi illum vide
licet qui in tunc tem
pis p qualitate lo
torum i varietate p
uinciar iurta hui
legii sui tenorē in d
tco lateri dextro ui
patons assidere on
gent · Cet venie
enn sit princeps co
ronatus i unctus
primū i post enm

comes palatinus
renu sedin sedendi
loca deleant obtine
Ad sinistram vero
partem in mediate
post illum quē ex
pdictis archiepis
in lateri sinistro se
dere etangēt primu
locum dux saxonie
i post enm a arch
Brandemburgesi
altenuin obtinebit
eterum vo
quocies et
qudo deceps

Inhalt

Seite 2:
Einzelseite aus der Goldenen Bulle von 1356 in der Prachthandschrift König Wenzels: König Wenzel mit den sechs Kurfürsten (links) sowie der Erzbischof von Köln als Kurfürst (rechts) – Miniatur, 1400

3

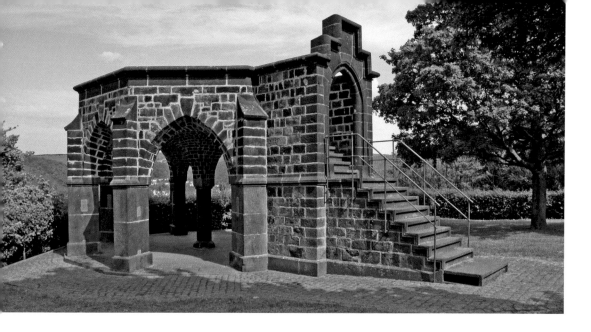

Lage und Name

Der ursprüngliche, zwischen 1376 und 1397 errichtete Königsstuhl stand in geringer Entfernung vom Rheinufer zwischen der Stadt Rhens (heute im Landkreis Mayen-Koblenz, Bundesland Rheinland-Pfalz) und der Ortschaft Kapellen (heute Koblenz-Stolzenfels). Nach seiner Zerstörung zu Beginn des 19. Jahrhunderts wurde er 1842–1843 in veränderter Form am alten Platz wiedererrichtet. Dieses Bauwerk wiederum musste 1928/29 dem expandierenden Rhenser Mineralbrunnen weichen und fand seinen neuen, prominenten Platz auf der Rheinhöhe Schawall in 250 Metern Entfernung zum Stadtzentrum von Rhens unmittelbar neben der von der Bundesstraße 9 landeinwärts zur Ortschaft Waldesch führenden Landesstraße 208.

Der Name des Gebäudes verweist heute wie ehemals auf die mittelalterliche Vorstellung, dass ein rechtsrelevanter Akt wie beispielsweise die Erhebung eines Königs auf einem Stuhl, d.h. in ganz ähnlicher Weise wie bei einem Richterstuhl auf erhöhtem und damit für die Umstehenden sicht- und wahrnehmbarem Platz, geschehen sollte.

Die ganz allgemeine Bedeutung eines „Stuhls" als Ort der Rechtsprechung dokumentiert sehr anschaulich die Tatsache, dass am Tag vor der Wahl Ruprechts von der Pfalz zum römisch-deutschen König (21. August 1400) auch in Oberlahnstein ein „zum Stuhl erhobener Richterstuhl" errichtet worden war, auf dem sein Vorgänger Wenzel seines Amts entsetzt wurde. Die Namenbelege (1376 *eyn gestuls*; 1398 *daz steynen gestůels*; 1400 *in sede regali*; 1410 *konigsstule*; 1442 *dez konigez stül*; 1457 *in loco … Konnyngsstoull*; 1486 *sedes regis*; 1499 *keiserstoil*; 1520 *koninckstollen*; vor 1521 *Künigstůl*; um 1608/1609 *Königstuell*; 1646 *Königstul*; 1662 *Regia Sella*; 1755 *Königs-Stuhl*; 1803 *Königsstuhl, thronus imperialis*) variieren angesichts des unzweifelhaften Deutungshintergrunds nur unwesentlich. Darunter anzutreffende ungewöhnliche Bezeichnungen wie „Kaiserstuhl" aus dem späten Mittelalter und unglückliche Relatinisierungen wie *Regia Sella* oder *thronus imperialis* aus der Neuzeit sind jedenfalls den unzureichenden Schriftquellen- und Lateinkenntnissen ihrer Autoren geschuldet.

Vorgeschichte: Rhens und die Wahlen zum römisch-deutschen König im Mittelalter

Eines der zentralen verfassungsrechtlichen Probleme des deutschen Mittelalters war die Frage nach Art, Form und Ablauf der Wahl des Königs. Bereits seit dem Hochmittelalter, insbesondere aber seit der Wende vom 12. zum 13. Jahrhundert zeichnete sich ab, dass sich ungeachtet mehrfacher Versuche ein unabhängiges Erbkönigtum gegen-

über den nach Machtzuwachs strebenden Fürsten nicht würde durchsetzen lassen. Doppelwahlen und daraus resultierende Thronstreitigkeiten sowie insbesondere das „Interregnum" – die Zeit ohne einen einmütig gewählten Herrscher von 1250/1254 bis 1273 – sorgten schließlich dafür, dass den Reichsfürsten die Notwendigkeit einer stringenten Regelung der Königswahl bewusst wurde.

Vor diesem Hintergrund lässt sich die seit dem Jahr 874 nachgewiesene Ortschaft Rhens zum ersten Mal in Zusammenhang mit Ereignissen größerer politischer Bedeutung bringen: Am 6.

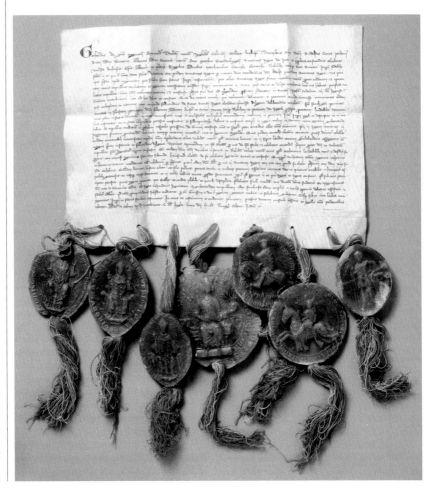

Erklärung der sieben Wahlfürsten über die Wahl Albrechts von Habsburg zum römisch-deutschen König – Urkunde mit sieben Fürstensiegeln vom 28. Juli 1298

Januar 1273 vermittelte Erzbischof Werner von Mainz in Sprendlingen in einem Streit zwischen Erzbischof Engelbert II. von Köln und dem rheinischen Pfalzgrafen Ludwig II. um Eigentumsrechte an Gütern um (Rhein-)Diebach und Bacharach. Der diesbezügliche Entscheid sollte am 16. Januar von einem Schiedsgericht „im Dorf Rhens" (... *apud villam Rense*) gefasst und verkündet werden. Ungeachtet eines am 17. Januar in Burg Lahnstein (heute Martinsburg) in Oberlahnstein auf der anderen Rheinseite abgeschlossenen Schutzbündnisses konnte die Auseinandersetzung nicht geschlichtet werden, so dass der Kölner Erzbischof und der Pfalzgraf am 20. Juli in Rhens zusammenkamen und die erneute Einsetzung eines Schiedsgerichts unter maßgeblichem Vorsitz Wildgraf Emichs II. von Kyrburg beschlossen.

Die bereits zu dieser Zeit erkennbare Bedeutung des Gebiets um Rhens und Oberlahnstein resultierte zweifellos aus der besonderen Gemengelage von Rechten und Besitzungen der vier damals einflussreichsten Reichsfürsten, die später als „rheinische Kurfürsten" betitelt werden sollten: So gehörten spätestens seit der zweiten Hälfte des

13. Jahrhunderts der Ort Rhens eigentümlich zum Erzstift Köln, das rheinabwärts folgende Kapellen mit Burg Stolzenfels – wie auch das auf der anderen Rheinseite gelegene Niederlahnstein – zum Erzstift Trier, Oberlahnstein mit den Burgen Lahneck und Lahnstein zum Erzstift Mainz und schließlich Braubach mit seiner gleichnamigen Burg (heute Marksburg) zur rheinischen Pfalzgrafschaft. Somit bestand für jeden der vier rheinischen Fürsten nach einem Treffen in Rhens die Möglichkeit, auf eigenem Territorium in einer eigenen Burg oder Ortschaft zu übernachten.

Diese günstige Lage inmitten der vom 12. bis weit in das 15. Jahrhundert hinein ohnehin politisch bedeutendsten Region des römisch-deutschen Reichs erleichterte Zusammenkünfte der Fürsten, die sich bald auch mit der Wahl eines neuen Reichsoberhaupts befassten. So trafen sich Ende Oktober 1308 auf Veranlassung Erzbischof Balduins von Trier insgesamt sechs Fürsten in Rhens und einigten sich in einer Art Vorwahl einstimmig auf dessen Bruder, Graf Heinrich von Luxemburg, als neuen Herrscher und auf den 27. November als Termin der Wahl in Frank-

6

Erklärung von sechs der sieben Kurfürsten über ihren Zusammenschluss und die Wahrung ihrer und der Reichsrechte (sog. Kurverein von Rhens oder besser „Rhenser Erklärung") – Urkunde Erzbischof Heinrichs III. von Mainz vom 16. Juli 1338

Erklärung von sechs der sieben Kurfürsten über ihren Zusammenschluss und die Wahrung ihrer und der Reichsrechte (sog. Kurverein von Rhens oder besser „Rhenser Erklärung") – Urkunde Erzbischof Heinrichs III. von Mainz vom 16. Juli 1338

furt am Main. Nach dem unvorhergesehenen Tod Kaiser Heinrichs VII. lud Erzbischof Peter von Mainz im Juni 1314 mit einem in Rhens anlässlich von vorbereitenden Unterhandlungen ausgestellten Schreiben zur Wahl eines neuen Königs ein. Während des Thronstreits zwischen Herzog Friedrich III. von Österreich und Ludwig IV. („der Bayer") kamen hier 1324 die Erzbischöfe von Mainz, Trier und Köln mit Boten Papst Johannes' XXII. und König Karls IV. von Frankreich sowie mit Herzog Leopold I. von Österreich zusammen und beratschlagten auf einem im Rhein ankernden Schiff über die Möglichkeit einer Erhebung des französischen Monarchen zum römisch-deutschen König, was aber letztlich scheiterte.

Mit der am 16. Juli 1338 in Rhens durch Erzbischof Heinrich III. von Mainz, Erzbischof Walram von Köln, Erzbischof Balduin von Trier sowie die rheinischen Pfalzgrafen Rudolf, Ruprecht und Stephan, ferner Herzog Rudolf I. von Sachsen und Markgraf Ludwig von Brandenburg geschlossenen Vereinbarung wurde erstmals festgelegt, dass künftige Herrscher allein durch Mehrheitsentscheid der zur Wahl

berechtigten Fürsten und frei von päpstlichem Einfluss bestimmt werden sollten (sog. Kurverein von Rhens oder besser „Rhenser Erklärung"), wobei die Zahl der Wähler noch nicht explizit festgelegt wurde. Rechtskraft gewann diese reine Absichtserklärung seitens der Kurfürsten allerdings erst durch ihre gesetzliche Verankerung in der Goldenen Bulle Kaiser Karls IV. von 1356, in der das Verfahren der Königswahl in wesentlich erweiterter Form fixiert und damit Teil der Rechtsverfassung des römisch-deutschen Reichs wurde. Als „Kurfürsten" (= Wahlfürsten) amtierten seit dieser Zeit diejenigen sieben geistlichen und weltlichen Großen, die schon 1298 anlässlich der Erhebung Albrechts von Habsburg zum römisch-deutschen König votiert hatten, nämlich die Erzbischöfe von Köln, Trier und Mainz sowie der rheinische Pfalzgraf, der Markgraf von Brandenburg, der Herzog von Sachsen und der – 1338 in Rhens nicht anwesende – König von Böhmen. Jegliches Mitspracherecht des Papstes wurde ausgeschlossen. Zur Wahl eines Kandidaten genügte die einfache Mehrheit (also vier von sieben Stimmen), wobei ein Anwärter, stammte er aus dem Kreis der kürenden Fürsten, auch für sich selbst stimmen konnte. Als Wahlort wurde Frankfurt am Main, als Krönungsort Aachen vorgesehen, jedoch nicht zwingend bestimmt.

Die Errichtung des Königsstuhls (zwischen 1376 und 1397)

Acht Jahre nach der Rhenser Erklärung und damit noch zehn Jahre vor seiner Kodifizierung in der Goldenen Bulle von 1356 wurde das neue Königswahlverfahren erstmals durch die Reichsfürsten angewendet: Im Jahr 1346 hatten die Spannungen zwischen dem seine Hausmacht stetig vergrößernden, seit 1324 exkommunizierten Kaiser Ludwig IV. („der Bayer") und der großen Mehrheit der Reichsfürsten so sehr zugenommen, dass Erzbischof Gerlach von Mainz auf päpstlichen Druck am 20. Mai die Kurfürsten zur Wahl eines neuen Königs am 11. Juli „in die unterhalb des Dorfs Rhens in der Trierer Diözese und oberhalb des Rheinufers

gelegenen Obstgärten oder Gärten, wo von altersher die Wahlfürsten zusammenzukommen pflegten", einlud. Tatsächlich versammelten sich dort – und nicht etwa in Frankfurt am Main, das auf Seiten Ludwigs IV. stand – die Erzbischöfe Gerlach von Mainz, Walram von Köln und Balduin von Trier sowie Herzog Rudolf von Sachsen und König Ottokar von Böhmen und wählten Markgraf Karl von Mähren aus dem Geschlecht der Grafen von Luxemburg zum neuen Herrscher. Faktisch war Karl IV., der am 26. November anstatt in Aachen in Bonn gekrönt wurde, damit zunächst nicht mehr als ein Gegenkönig für Kaiser Ludwig IV., der weiterhin amtierte und nicht etwa abgesetzt worden war. Als Ludwig jedoch ein Jahr später überraschend verstarb und der 1349 von den Anhängern der Wittelsbacher gewählte Graf Günter XXI. von Schwarzburg-Blankenburg noch im selben Jahr auf seine Thronansprüche verzichtete und kurz danach ebenfalls zu Tode kam, setzte sich Karl endgültig durch. Seine Herrschaft sollte bis 1378 und damit für fast 30 weitere Jahre andauern.

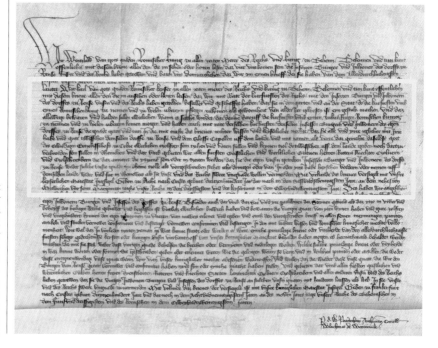

Kaiser Karl IV. fordert die „Insassen, Bürger und Einwohner des Dorfs Rhens" auf, ein „Gestuhl" für zukünftige Königswahlen zu errichten (9. Juli 1376) – Bestätigungsurkunde König Wenzels vom 1. Januar 1398 mit dem eingefügten Text von 1376 (gelb umrahmt)

In den letzten Jahren Karls IV. lassen sich seit 1374 deutliche Versuche erkennen, seinen ältesten Sohn Wenzel (geb. 1361), der bereits 1363 (somit als Zweijähriger!) zum König von Böhmen erhoben worden war, auch zu seinem Nachfolger im römisch-deutschen Reich zu bestellen. Der Wahlort sollte zumindest in diesem Fall nach Rhens verlegt werden, wofür eigens die Regelung der Goldenen Bulle, nach der Frankfurt am Main als Stätte des Wahlakts vorgesehen war, am 11. November 1374 grundsätzlich widerrufen wurde. Demgemäß trafen sich die Kurfürsten am 1. Juni 1376 in Rhens und einigten sich auf Wenzel als römischen König, führten die eigentliche Wahl und die Altarsetzung (*kysen und uff den alter setzen*), den sakralen Abschlussakt der Wahl, dann

Stätte, wo die Kurfürsten, wie es von altersher Gewohnheit gewesen ist, zur Benennung und zur Wahl eines Römischen Königs übereinzukommen pflegen, ein Gestuhl (*gestuls*) machen und dieses allewege bewahren und ewiglich erhalten sollen ...". Dieses – leider im Original nicht erhaltene – Schriftstück dokumentiert nicht nur die Geburtsstunde des Königsstuhls, sondern belegt auch den Versuch, die Wahlstätte des römischdeutschen Königs dauerhaft nach Rhens zu verlegen und auch baulich zu institutionalisieren. Als Rechtfertigung scheute der Kaiser nicht davor zurück, Rhens als traditionellen Ort der Königswahlen darzustellen, was keineswegs den historischen Tatsachen entsprach.

Die mit Bau und späterem Unterhalt des Königsstuhls beauftragten Rhenser Bürger erhielten im Gegenzug Zollfrei-

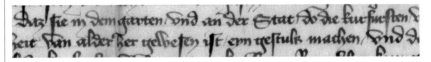

aber doch am 10. Juni in Frankfurt am Main durch.

Aus welchen Gründen Karl IV. zu dieser Zeit die Verlegung des Wahlorts von Frankfurt am Main nach Rhens betrieben hat, lässt sich bei unzureichender Quellenlage nicht erkennen – die Erinnerung an seine eigene Wahl zum (Gegen-)König 30 Jahre zuvor mag dabei eine Rolle gespielt haben. Dass der Kaiser aber nicht etwa, wie jüngst angenommen worden ist, damit ein Zugeständnis gegenüber dem Erzbischof von Trier machte, sondern aus freiem eigenen Interesse handelte, beweist sehr deutlich eine Urkunde, die er am 9. Juli 1376, also nicht einmal einen Monat nach der Wahl Wenzels, ausgestellt hat. Darin forderte er die „Insassen, Bürger und Einwohner des Dorfs Rhens" auf, „dass sie in dem Garten und an der

heit im Gebiet zwischen Rhens und der rheinabwärts benachbarten trierischen Burg Stolzenfels. In der ersten Bestätigung dieses Zollprivilegs durch König Wenzel vom 1. Januar 1398 ist der komplette Text der Urkunde Karls IV. von 1376 als Insert (Einfügung) enthalten. Die diesem Text vor- und nachgesetzten Formulierungen aber belegen eindeutig, dass das „Gestuhl" inzwischen fertiggestellt worden war: Wenzel forderte die Rhenser Bürger nun seinerseits auf, das „steinerne Gestuhl, so wie es jetzt zu Zweck und Nutzen des Heiligen Reichs gebaut und errichtet ist, zukünftig baulich instand zu halten und zu bewahren". Die Errichtung des bereits zwei Jahre später erstmals als „Königsstuhl" bezeichneten Bauwerks lässt sich somit auf die Zeit zwischen 1376 und 1397 eingrenzen.

Die Wahl Pfalzgraf Ruprechts III. zum römisch-deutschen König (1400)

Nach dem Tod Kaiser Karls IV. im Jahr 1378 trat sein Sohn Wenzel ohne erkennbare Schwierigkeiten die Nachfolge als römisch-deutscher König an. Schon in den 1380er Jahren lassen sich erste Anzeichen dafür erkennen, dass die durch ihn verursachte Verlegung des Herrschaftsmittelpunktes an den böhmischen Königshof in Prag und damit in den Osten des Reichs für zunehmenden Unmut sorgte. Wenzels – aus seiner Sicht durchaus nachvollziehbares – Bestreben, vordringlich die dortigen unsicheren politischen Verhältnisse und seine böhmische Krone zu stabilisieren, gerieten in einen unlösbaren Konflikt mit der Notwendigkeit, als römisch-deutscher Herrscher auch und vor allem im Westen Präsenz zu zeigen. Selbst ein letzter Aufenthalt mit Feier des Weihnachtsfestes in Frankfurt am Main vermochte die Situation nicht mehr zu verbessern: Spä-

testens seit 1399 werden die Pläne der übrigen, d.h. insbesondere der rheinischen Kurfürsten fassbar, Wenzel seines Amts zu entheben. Im Sommer des Jahres 1400 wurde der König ultimativ dazu aufgefordert, zu einer Zusammenkunft am 10. August nach Oberlahnstein zu kommen und dort zu den Missständen im Reich Stellung zu nehmen; andernfalls sollte ein „anderer [König] zu dem Heiligen Reich gesetzt" werden.

Als zum anberaumten Termin weder Wenzel noch die ebenfalls eingeladenen Kurfürsten von Sachsen und Brandenburg erschienen, tagten Erzbischof Johann II. von Mainz, Erzbischof Friedrich III. von Köln, Erzbischof Werner von Trier und der rheinische Pfalzgraf Ruprecht III. auf einem wohl eigens dafür errichteten Richterstuhl auf dem freien Gelände südlich der Stadt Oberlahnstein und verkündeten schließlich am 20. August die Absetzung des Königs mit der Begründung, dieser habe durch seine Verfehlungen „schädlich und wider die Würde seines Titels gehandelt" und sowohl der Kirche als auch dem Reich geschadet. Zudem wurden die Untertanen von allen geleisteten Eiden entbunden sowie eine umgehende Neuwahl festgelegt. Wie zeitgenössische Schriftquellen betonen, fand das Geschehen nicht nur im Beisein weiterer Reichsfürsten und Vertreter mehrerer Städte, sondern auch in Anwesenheit einer großen Volksmenge statt.

Einen Tag später, am 21. August 1400, versammelten sich dieselben vier Kurfürsten auf dem gegenüber liegenden Rheinufer am Königsstuhl nahe Rhens (... *in sede regali prope Rense*) und schworen nach Feier der Heilig-Geist-Messe mit lauter, für das hier ebenfalls in großer Zahl teilnehmende Volk deutlich hörbarer Stimme den in der Goldenen Bulle festgelegten Eid auf das Evangelium, einen geeigneten Kandidaten zu küren. Gewählt wurde aus ihrer Mitte Pfalzgraf Ruprecht III., der sich – rechtlich einwandfrei –

Pfalzgraf Ruprecht III. (= König Ruprecht I.) beim Gebet, rechts daneben sein pfalzgräfliches Wappen – Deckenmalerei im Chorgewölbe der ehemaligen Stiftskirche in Neustadt an der Weinstraße, um 1420

Proklamation der Wahl
Pfalzgraf Ruprechts III.
zum römisch-deutschen
König durch die
Erzbischöfe von Mainz,
Köln und Trier –
Urkunde vom
21. August 1400

selbst seine Stimme gegeben hatte. Weitere Details zu Wahlvorgang und Zeremonie sind nicht bekannt.

Die Absetzung Wenzels nahe Oberlahnstein und die Wahl Ruprechts sind jeweils für sich bahnbrechende Ereignisse der deutschen Verfassungsgeschichte: Mit der Thronentsetzung Wenzels durch Mehrheitsbeschluss betraten die Kurfürsten Neuland, da die Goldene Bulle als maßgebliches rechtliches Instrumentarium eine Königsabsetzung nicht kannte. In vergleichsweise größerem Einklang mit deren Bestimmungen stand immerhin die Wahl Ruprechts, die erstmals ausdrücklich gemäß den Bestimmungen von 1356 durchgeführt worden ist. Mithin betonten die Kurfürsten durch beides – Wahl und Absetzung – ihre Rolle als maßgebliche Repräsentanten eines sich verselbstständigenden Reichsbegriffs und notfalls sogar als Richter über den Herrscher. Da der abgesetzte Wenzel, der nominell weiterhin römisch-deutscher König und bis zu seinem Tod im Jahr 1419 König von Böhmen blieb, auf einen Kampf um seine Rechte verzichtete, wurde die bis 1410 während Herrschaft Ruprechts nicht in Frage gestellt.

▪ Spätmittelalter (15.–16. Jahrhundert)

Nach dem Ableben König Ruprechts blieb zu klären, wie bei einer erstmals durchzuführenden regulären Neuwahl (ohne Absetzung des vorhergehenden Herrschers) hinsichtlich der Lokalität verfahren werden sollte. Schnell sollte

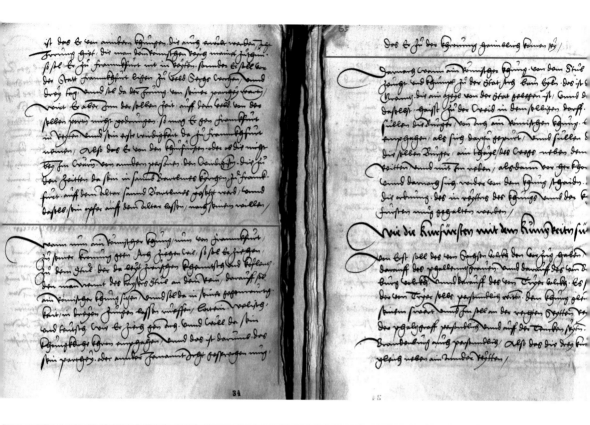

Aufzeichnung über die Zeremonien anlässlich von Wahl und Krönung des römisch-deutschen Königs, o.J. [Mai 1442]

(fol. 34r)

Wann nun ain Romischer Khung nun von Frannckfurt
zu seiner Kronung geen Ach ziehen wil, so sol Er ziehen
zu dem Stul der da leyt zwischen Khenntsch [sic; statt Rhenntsch] vnd Koflentz
den man nent des Kaysers Stul an dem Rein darauff sol
ain Römischer Khung sitzen. Vnnd sol da in seiner gegenwartig-
keit in dreyen Zungen lassen rueffen, Latein, Welisch
vnd teutsch, wie Er ziech gen Ach. Vnnd woll da sein
Khonigkliche Khron emphahen. Vnnd das ist darumb, das
sein parthey oder annder Jemannt Icht gesprechen mug,

(fol. 34v)
das Er zu der Khronung haimblich komen sey.

Überlieferung: Original verloren, Kopie des 16. Jahrhunderts (Österreichisches Haus-, Hof- und Staatsarchiv Wien, HS Blau 43, fol. 34r–34v)

Kaiser Friedrich III. (1415–1493, reg. 1440/52–1493) mit dem Herzogshut der Steiermark – Öltempera von N.N. [steirischer Maler], o.J. [um 1460]

sich zeigen, dass den Bestrebungen Karls IV. von 1376, Rhens als neuen Wahlort durchzusetzen, kein Erfolg beschieden war. Da die Kurfürsten ohne jede ausdrückliche Erörterung gemäß der Empfehlung der Goldenen Bulle an Frankfurt am Main festhielten, stellte sich die Frage, ob und, falls ja, welche Rolle der Königsstuhl im Rahmen der von der Wahl bis zur Krönung reichenden rechtsverbindlichen Akte und Zeremonien spielen sollte. Die letztlich gefundene Lösung bestand darin, in Rhens die öffentliche „Erhebung" oder „Setzung" des Kandidaten nach seiner Wahl in Frankfurt am Main und vor der Krönung in Aachen zu zelebrieren. Die formale Begründung für diesen Vorgang lieferte eine 1442 fixierte Aufzeichnung über Art und Ablauf von Wahl und Krönung eines „Römischen Königs", die auch den Aufenthalt in Rhens regelte (Abb. S. 12): „Wenn nun ein Römischer König von Frankfurt zu seiner Krönung nach Aachen ziehen will, so soll er ziehen zu dem Stuhl, der da liegt zwischen Rhens und Koblenz, den man des Kaisers Stuhl (*des Kaysers Stul*) an dem Rhein nennt. Darauf soll ein Römischer König sitzen und soll da in seiner Gegenwart in drei Sprachen ausrufen lassen, in Latein, Französisch und Deutsch, dass er nach Aachen zieht und dort seine Krone empfangen will. Und das geschieht deswegen, damit ein eventueller Gegenkandidat oder jemand anderes nicht sagen kann, dass er zu der Krönung heimlich gekommen sei.". Somit sollte die Wahl Pfalzgraf Ruprechts im Jahr 1400 die einzige Kür eines römisch-deutschen Königs auf dem Königsstuhl bleiben. In diesem Sinne versprach Markgraf Jost von Mähren Ende September 1410 den Erzbischöfen von Mainz und Köln, sich „als Römischer König erheben zu lassen, wie dies zuvor auch bei anderen Römischen Königen geschehen ist", und nach seinem Tod wenige Monate später verhielt sich sein Nachfolger Sigismund im Juli 1411 gegenüber dem

Erzbischof von Köln in gleicher Weise; 1414 und damit noch vor seiner Krönung nahm er auf einer Schiffsreise von Koblenz aus rheinaufwärts ein Mahl auf (oder bei) dem Bauwerk zu sich. Auch der 1440 in Frankfurt gewählte Friedrich III. besuchte auf seiner Fahrt zur Krönung in Aachen Mitte Juni des Jahres 1442 den Königsstuhl, der zu diesem Anlass „mit goldenen und seidenen Tüchern köstlich bereitet worden war" (… *kostlichen bereit mit guldin und mit siden tüchern*), und ließ sich dort gemäß der Aussage eines zeitgenössischen Chronisten nach altem Herkommen von den Kurfürsten förmlich auf das Bauwerk setzen. Gegen Ende seiner Herrschaft sorgte Friedrich dafür, dass sein Sohn Maximilian im Jahr 1486 zum Nachfolger gewählt wurde. Anschließend fuhr er mit ihm auf dem Rhein bis nach Rhens, wo der junge Habsburger am Nachmittag des 30. März von Erzbischof Berthold von Mainz und Herzog Albrecht von Sachsen förmlich auf den feierlich geschmückten Königsstuhl „gesetzt" wurde, einen Eid unbekannten Inhalts (wohl gegenüber den Kurfürsten) leistete und einen Gefolgsmann Erzherzog Sigmunds von Österreich zum Ritter schlug. Offensichtlich ohne das eigens bereitgestellte Festmahl wahrgenommen zu haben, reisten König und Kaiser – Friedrich III. hatte sein Schiff nicht verlassen – schon kurze Zeit später in Richtung Aachen weiter, wo Maximilian am 9. April gekrönt wurde. Als letzter römisch-deutscher Herrscher dürfte Karl V. im November 1520 auf dem Königsstuhl gewesen sein, wie eine – allerdings nicht vollständig gesicherte – Schilderung des Laienbruders Göbel Schickenberges aus dem Augustinerchorherrenstift Böddeken in Ostwestfalen nahelegt. Nach dessen Aussage in seiner von 1502–1543 reichenden, zeitgleich abgefassten Chronik zog der König allerdings nicht, wie bis dahin üblich, vor, sondern erst nach seiner Krönung in Aachen über Köln nach Rhens, das er nach dem 16. November erreichte. Dort „tat er seine Gebühr" (zweifellos eine nicht näher beschriebene Zeremonie nach Vorbild seiner Amtsvorgänger) auf dem Königsstuhl, um anschließend zu einem für den Januar anberaumten Reichstag nach Worms weiterzureisen. In der Folgezeit lassen sich keine weiteren Königsaufenthalte mehr nachweisen.

Darüber hinaus ist der Königsstuhl von den römisch-deutschen Herrschern im Zusammenspiel mit den Kurfürsten auch zur Erörterung von wichtigen, das Reich betreffenden Fragen als Treffpunkt genutzt worden. So plante 1416 Kaiser Sigismund wegen des allgemeinen Unfriedens im Reich die Einberufung eines Reichstags nach Rhens, der allerdings letztlich nicht zustande kam. 1497 forderte König Maximilian die Kurfürsten dazu auf, beim Königsstuhl über die noch ungeklärte Frage des Reichsvikariats zu beraten, damit er zukünftig bei einer Reise nach Italien dadurch nicht behindert würde. Wenn auch dieses Treffen offensichtlich nicht abgehalten wurde, so betont die Aussage Maximilians, der Königsstuhl sei der Ort, ... *da man pfligt* [= pflegt] *Churfürsten in grossen* [= wichtigen] *sachen zu versameln*, doch dessen besondere Bedeutung.

Fast vollständig übersehen worden ist dagegen, dass Rhens auch ohne Anwe-

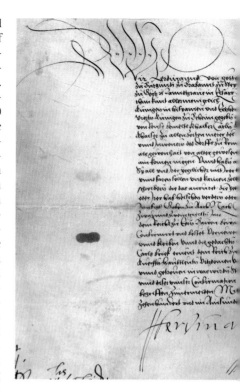

senheit des Königs für die Kurfürsten als Treffpunkt eine wichtige Rolle gespielt hat: So sind das ganze 15. Jahrhundert hindurch Zusammenkünfte belegt, bei denen nicht nur über Fragen des Kurrechts (1411) und über die Absetzbarkeit des Papstes (1437), sondern auch über die Nachfolge Erzbischof Friedrichs III. von Köln (1414) debattiert und landfriedensähnliche Bündnisse (Köln, Trier und Mainz 1484) geschlossen wurden. 1455 wurde Johannes von Westerburg, der Kölner Bürger und Kaufleute überfallen und gefangen gehalten hatte, von den Reichsfürsten bei Rhens zu einer Entschädigungszahlung von 12.000 Gulden verurteilt. Zwei Jahre später beauftragten Erzbischof Dietrich I. von Mainz und Erzbischof Dietrich II. von Köln in Vertretung des nicht anwesenden Elekten Johann von Trier zwei Geistliche damit, in päpstlichem Auftrag alle den Rechten des Trierer Erzstifts zuwiderlaufenden Eide aufzuheben. Vereinzelte Aussagen in den

König Ferdinand I. bestätigt den Einwohnern von Rhens das Privileg Karls IV. aus dem Jahr 1376 – Urkunde vom 25. Januar 1531

Schriftquellen belegen, dass bei diesen Verhandlungen, deren Inhalt nicht immer bekannt geworden ist (so 1454 und 1493), die Kurfürsten durch ihre Räte vertreten werden konnten und nicht selbst anwesend sein mussten. Den bisher einzigen bekannten und deshalb umso wertvolleren Hinweis auf die Anzahl der insgesamt beteiligten Personen liefert eine Rechnung der mainzischen Verwaltung in Oberlahnstein, gemäß der Erzbischof Berthold von Mainz zu einem Kurfürstentag am Königsstuhl am 13. Dezember 1493 ... *ungeverlich* [= ungefähr] *mit 100 personen* nach Oberlahnstein in die dortige Burg (heute Martinsburg) kam und hier bis zum Morgen des 21. Dezember blieb. Sein Kölner Amtskollege Ruprecht, der 1476 zu einer Versammlung angereist war und wie seine Vorgänger üblicherweise im kölnischen Rhens Quartier nehmen wollte, musste dagegen nach der 1445 erfolgten Verpfändung des Ortes an die Grafen von Katzenelnbogen gegenüber Graf Phil-

ipp auf sein Herbergsrecht pochen und Erzbischof Johann II. von Trier um Unterstützung bitten.

Nachrichten über den baulichen Zustand des Königsstuhls aus der Zeit des 15. und 16. Jahrhunderts haben sich bis auf zwei kurze Aussagen ähnlichen Inhalts nicht erhalten: Anlässlich der Erhebung oder Setzung König Maximilians im Jahr 1486 berichtete der Augenzeuge Johann Reuchlin, das Bauwerk sei „alt, gewölbt und zerrissen" gewesen. Mit dieser Angabe stimmte Sebastian Brant (1457/58–1521) überein, der in seiner zwischen 1502 und 1521 angefertigten Beschreibung das Bauwerk als „sehr zerfallen, dass es doch wohl zum Erbarmen ist", darstellte. Weniger gut dürfte der burgundische Historiograph Jean Molinet (1435–1507) informiert gewesen sein, der in seiner von 1475–1507 reichenden Chronik erstmals Details zur Baugestalt des Königsstuhls bot: Er charakterisierte ihn als „Stuhl aus Stein mit sechs Pfeilern und einem Gewölbe darüber" (... *ung siège de pierre à 6 pillerons et une volsure par desus*), schrieb jedoch nichts von eventuellen Beschädigungen. Reuchlins und Brants Aussagen stehen in deutlichem Gegensatz zu den noch immer relevanten Verpflichtungen zum Erhalt des Königsstuhls durch die Rhenser Bürger, die dafür sehr formelle und großteils gleichlautende Bestätigungen des Zollprivilegs Kaiser Karls IV. aus dem Jahr 1376 durch Kaiser Sigismund (1434), König Friedrich III. (1442), König Ferdinand I. (1531), Kaiser Maximilian II. (1568) und Kaiser Leopold I. (1659) erhalten hatten bzw. noch erhalten sollten, bevor auch diese Tradition abbrach.

▨ Frühe Neuzeit (16.–18. Jahrhundert)

Mit dem Ende des Spätmittelalters verlor der Königsstuhl an Bedeutung und verschwand aus den Schriftquellen, so dass bis weit in das 17. Jahrhundert hinein kaum Aussagen möglich sind. Selbst bekannte Darstellungen etwa von Michael Sachs in dessen „Alpha-

„Warhafte Beschreibung der Fürstenthümer Hessen und Hersfeld (...)" von Johann-Just Winkelmann – Titelblatt der 1697 in Bremen erschienenen Topographie

betum historicum" von 1617, das 1646 Martin Zeiller in Matthäus Merians d.Ä. Topographie von Hessen als Vorlage diente, griffen lediglich auf die veralteten Angaben von Sebastian Brant zurück.

Erst 1697 lieferte der hessische Historiograph Johann-Just Winkelmann in seiner „Warhafte[n] Beschreibung der Fürstenthümer Hessen und Hersfeld" wieder eine wichtige Baubeschreibung. Gemäß Winkelmanns auf einem Besuch vor Ort in den 1640er/1650er Jahren beruhender Schilderung war der Königsstuhl damals in vergleichsweise gutem Bauzustand. Daraus darf mit großer Sicherheit gefolgert werden, dass seit dem frühen 16. Jahrhundert Wiederherstellungsmaßnahmen durchgeführt worden waren. Das in diesem Zusammenhang immer wieder angegebene Jahr 1624 beruht allerdings auf der zwiespältigen und unsicheren Angabe mehrerer Autoren seit dem frühen 18. Jahrhundert, die am Königsstuhl eine Inschrift mit der Jahreszahl *1624* und den Buchstaben *ID.DB.MR.*, *LD.DB.MR.* oder *LD.DE.MR.* gelesen hatten und diese stillschweigend auf eine durch die Landgrafen von Hessen als damaligen Pfandeigentümern von Rhens veranlassten Restaurierungsmaßnahme beziehen wollten. Da diese mutmaßliche Inschrift spätestens zusammen mit dem Mauerwerk des Gebäudes am Beginn des 19. Jahrhunderts untergegangen ist, lässt sich diese Annahme nicht mehr verifizieren. Gleiches gilt für die sicherlich übertriebene, wenn nicht gar vollständig falsche Angabe des rheinischen Geschichtsschreibers Martin Henriquez von Strevesdorff (1619–1679) in seiner 1662 erschienenen Beschreibung der Erzdiözese Köln, der Königsstuhl sei „gänzlich zusammengefallen" (*collapsaque prorsum*).

Demgegenüber konzentrierte sich Christian Gottfried Laurenz Rink in seiner – oftmals fälschlich dem ihn betreuenden Professor Johann David Köhler zugeschriebenen – Altdorfer Dissertation von 1735 auf die histo-

Die Zeile oben auf dem Bild: "Vue du Konigstuhl en montant le long du Rhin proche de la Ville de Rhens"

Arobsche

risch-politische Bedeutung des Königsstuhls, ohne auf den damals vorhandenen Baubestand einzugehen. Rinks und Winkelmanns Erkenntnisse fanden in mehr oder minder gelungener Form Eingang in den „Rheinischen Antiquarius" (1739, 1776) von Johann Hermann Dielhelm sowie in die „Neue Erdbeschreibung" (1757 u.ö.) von Anton Friedrich Büsching und damit weite Verbreitung.

Im späteren 18. Jahrhundert scheint sich der Königsstuhl wieder in schlechtem Zustand befunden zu haben. Wie ein Zeitgenosse, der 1783 vor Ort gewesen war, im nachfolgenden Jahr berichtete, war das Gebäude laut einer Inschrift *seit 1779 wieder repariret, und weiß und roth angestrichen worden; welches Kleid aber für diese Antiquität nicht gut passet.* Die offensichtlich stark kontrastierende und dementsprechend von den Zeitgenossen als wenig geschmackvoll empfundene Farbfassung in Rot und Weiß monierten in den Jahren darauf noch weitere Besucher. 1794 wurde der seit ungewisser Zeit bestehende Brauch, die Koblenzer Bürgermeister auf dem Königsstuhl einzusetzen, letztmals zelebriert: Wie der kurtrierische Oberhofmarschall Graf Ludwig Johann Wilhelm Boos von Waldeck (1734–1813) im – bedauerlicherweise inzwischen verschollenen – zweiten Teil seines Tagebuchs vermerkte, wurden am 9. Juni dieses Jahres er selbst zum (adligen) Ritterbürgermeister und Johann Joseph Rosenbaum zum (bürgerlichen) Bürgermeister ordiniert.

▨ Die Zerstörung (1800/1801)

Mit der Besetzung von Koblenz am 21. Oktober 1794 fiel auch das Gebiet um Rhens an die französischen Revolutionstruppen. In unmittelbarem zeitlichen Anschluss, jedenfalls aber noch im November, scheint nach einer zeitgenössischen, schon damals unbestätigten Nachricht der *Weg nach Rhens (...), der an einigen Orten wegen der*

*Nähe des Berges nur zu Pferde brauch-bar war, völlig fahrbar gemacht wor-*den zu sein. Aus dieser vagen Mittei-lung ist öfters geschlossen worden, dass der in geringer Nähe zum alten Weg liegende Königsstuhl schon da-mals zerstört wurde, was aber zweifel-los ein Irrtum ist.

Tatsächlich muss die weder in den be-kannten amtlichen oder literarischen Schriftquellen konkret geschilderte noch in zeitgenössischem Bildmaterial

dargestellte Zerstörung des Bauwerks in der Zeit zwischen der zweiten Hälfte des Jahres 1800 und wahrscheinlich schon dem Jahr 1801, auf jeden Fall aber vor 1803 stattgefunden haben, wie Berichte mehrerer zeitgenössischer Augenzeugen nahelegen: So hatte noch 1798 der Jurist und Schriftsteller Johann Nikolaus Becker (1773–1809) den von ihm wenig geschätzten Königsstuhl aufgesucht, und am 30. August 1799 sah Ernst Moritz Arndt (1769–1860) das Gebäude vom Schiff aus. Als letztes Zeugnis darf die Schilderung des Geographen Friedrich Albert Klebe gelten (1779–1842), der 1801 seine Eindrücke von einer im Sommer des Jahres 1800 unternommenen Rheinreise publizierte: *Dieses Monument aus alten Zeiten ist späterhin mehreremal reparirt und angestrichen worden, und hat durch die Geschmacklosigkeit und Ungeschicklichkeit, womit es geschehen ist, viel von seinem alten ehrwürdigen Ansehen verloren. Neuerlich ist er von Soldaten verwüstet worden, aber er existirt we*

nigstens noch. (...) Der Königsstuhl fällt in Trümmern zusammen, und weder Kaiser noch Bürgermeister werden hier mehr erwählt.

Kurze Zeit nach Klebes Besuch muss das Bauwerk abgebrochen worden sein, wie zwei Berichte des Schriftstellers Heinrich August Ottokar Reichard (1751–1828) belegen: Schon in der vor dem Juni 1801 in Weimar publizierten Erstauflage seiner späterhin zu großer Popularität gelangten Schrift „Der Passagier auf der Reise in Deutschland und einigen angrenzenden Ländern" bezeichnete er den Königsstuhl eher summarisch als *jetzt zerstört*, wobei unklar bleibt, woher er seine Kenntnis bezog. Vor dem Erscheinen der dritten Auflage seines Reisehandbuchs (1806) stattete er 1803 der Örtlichkeit einen Besuch ab und fasste seine Beobachtungen eindrucksvoll – wenn auch historisch nicht völlig richtig – zusammen: *Jetzt ist der Platz kaum mehr kenntlich. Hier, wo einst Fürsten im Rathe saßen, wo der große Maximilian schwur und Kayser Wenzel abgesetzt*

Was ist des Deutschen Vaterland? ist Preussenland?

zerstört 1793.

Fiktive Darstellung des – keineswegs schon 1793 – zerstörten Königsstuhls – Lithographie von J[ohann] B. Sonderland nach Zeichnung von C[aspar J.N.] Scheuren, o.J. [vor 1865, Ausschnitt]

wurde, fand ich im Jahre 1803 nichts als Schutt und einen Kartoffelacker. Die alten Bäume waren gefällt, und das Ganze ein wahres Bild des deutschen Reichs, was es war und was es ist! Auch Friedrich Albert Klebe änderte für die zweite, 1806 erschienene Auflage seiner Rheinreise die Beschreibung des Königsstuhls und formulierte knapp: Er ist jezt ganz zerstört. (...) Der Königsstuhl fiel in Trümmern zusammen, und weder Kaiser noch Bürgermeister werden hier mehr erwählt.

Demnach bleibt festzuhalten, dass der Königsstuhl zu einem nicht näher einzugrenzenden Zeitpunkt in den Jahren 1800 oder 1801 mutmaßlich von französischen Truppen zerstört worden ist. Ob diese Zerstörung in Etappen oder in einem Zug erfolgte, bleibt unklar. Jedenfalls war bereits 1803 keinerlei aufgehendes Mauerwerk vorhanden, womit sich die in der Literatur öfters anzutreffende Auffassung einer Nie-

derlegung im Zusammenhang mit dem 1808 vorgenommenen Ausbau der Rheinstraße erledigt.

Der Neubau (1842–1843)

Schon wenige Jahre nach dem Untergang des Königsstuhls lassen sich Bestrebungen für einen Wiederaufbau nachweisen. Nach derzeitigem Forschungsstand formulierte als erster der Karlsruher Hofhistoriograph Aloys Schreiber (1761–1841) dahingehende Ambitionen in einem 1813 – also noch zur Zeit der französischen Besetzung – verfassten Gedicht „Der Königsstuhl bei Rhense". Darin fordert er mit unüberlesbar antifranzösischer Tendenz: *Doch ach, er* [sc. der Königsstuhl] *ist gefallen, / verloschen seine Spur! / Vom heil'gen Sitz der Väter / Weiß man die Stelle nur / (...) Bald bauen wir ihn wieder / Den Königsstuhl am*

20

Rhein, / Da blüht die deutsche Freiheit, / Da blüht der deutsche Wein.

Den ersten, rein literarischen Bemühungen folgten nach dem Wiener Kongress von 1815 und der dort beschlossenen Angliederung der Rheinlande an das Königreich Preußen bald weitere Schritte. Besondere Beachtung und größere Verbreitung fand 1826 eine von der Sayner Hütte im Rahmen ihrer seit 1819 herausgegebenen Reihe von Neujahrsplaketten produzierte Ansicht auf einer kleinen Eisengussplakette, für die der Bonner Kunsthistoriker Helfrich Bernhard Hundeshagen (1784–1858) mit einem phantasievollen, von der Neugotik geprägten Rekonstruktionsversuch die Vorlage geliefert hatte.

1834 richtete der Rhenser Bürgermeisterei-Verwalter Wilhelm Reusch ein erstes offizielles Schreiben an den Oberpräsidenten der preußischen Rheinprovinz in Koblenz und bat um Unterstützung für eine bessere Kenntlichmachung des Platzes, auf dem der Königsstuhl gestanden hatte. Der königliche Landrat, Clemens Wenzeslaus Graf Boos zu Waldeck, lehnte finanzielle Hilfen zwar ab, verwies aber zur weiteren Verfolgung des Themas an den Königlichen Bau-Inspektor Johann Claudius von Lassaulx (1781–1848). Reusch bat diesen daraufhin brieflich um eine Zeichnung für ein Denkmal und einen diesbezüglichen Kostenvoranschlag. Nach einem längeren Briefwechsel und Erörterungen über Gestalt und Ausführung des Bauvorhabens beauftragte das Oberpräsidium der Rheinprovinz 1835 Lassaulx mit dem Ankauf der in Rhens und auf der Insel Oberwerth (d.i. die Rheininsel Oberwerth bei Koblenz) noch vorhandenen Überreste, während wenige Tage später das preußische Innenministerium vorläufig die Errichtung eines „Monuments" gestattete. Ungeachtet der damit geschaffenen Rahmenbedingungen scheiterte das Vorhaben aber 1836, da Teile des den Platz des alten Königsstuhls umgebenden Baugrunds Eigentum minderjähriger Erben waren und somit nicht erworben werden konnten.

In der Folgezeit ließ, wie das von Franz Gabriel Drimborn 1837 verfasste Ge-

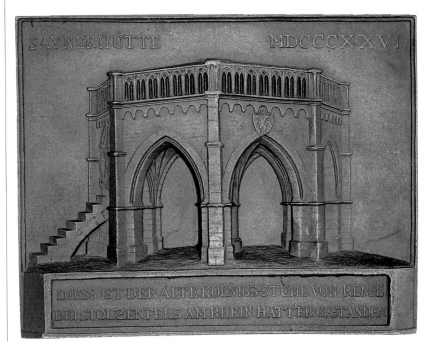

Rekonstruktionsversuch des Königsstuhls auf der Neujahrplakette der Sayner Hütte für das Jahr 1826 – Eisengussplakette nach einer Vorzeichnung von Bernhard Hundeshagen, 1825

dicht „Kaiser Wenzel" und ein Aufruf des Dickschieder Pfarrers und Publizisten Robert Haas von 1838 anschaulich dokumentieren, das Interesse am Königsstuhl nicht nach. Den entscheidenden Schub erhielten die Bemühungen um einen Wiederaufbau allerdings erst 1840 im Zuge der „Rheinkrise" zwischen Frankreich und dem Deutschen Bund, aber auch durch die Thronbesteigung Friedrich Wilhelms IV. von Preußen, der von liberalen und deutsch gesinnten Bevölkerungsgruppen als Hoffnungsträger gesehen wurde. Angesichts der in Frankreich populären Forderung nach dem Rhein als Ostgrenze verstärkten sich auf deutscher Seite die Bemühungen, nicht nur in literarischer, sondern auch in symbolischer Form Position zu beziehen. Zu letzteren Projekten gehörte auch der jetzt mit deutlich gesteigerter Energie angestrebte Wiederaufbau des Königsstuhls, der nun im Sommer des Jahres 1840 von dem im Bergischen Land lebenden Schriftsteller und Dichter Vinzenz Jakob von Zuccalmaglio (1806–1876, Pseudonym „Montanus") als Symbol für den Widerstand des deutschen Volkes gegen Frankreich und für dessen Demütigung (!) gefordert wurde. Auf sein Bestreben hin und mit Billigung der zunächst vorsichtigen preußischen Regierung fand im Januar 1841 in Mülheim (heute Köln-Mülheim) ein spektakuläres Konzert mit dem bekannten Sänger Carl Formes statt, für das Zuccalmaglio eigens ein „Lied vom Königsstuhl" gedichtet hatte. Unglücklicherweise aber verschlang die Organisation der Benefizveranstaltung, darunter besonders die Dekoration des Festsaals, den Großteil der gesammelten Gelder, so dass der Mülheimer Landrat Heinrich Schnabel im März 1841 nicht mehr als 9 Taler, 5 Silbergroschen und 3 Pfennige an Spenden vermelden konnte.

Kurze Zeit nach den ersten Bemühungen Zuccalmaglios, spätestens aber nach einem Aufruf des Verlegers Friedrich Hergt in dessen Rhein- und Mosel-Zeitung vom 13. Oktober 1840

hatten sich die Befürworter eines Wiederaufbaus in Koblenz am 17. Oktober in einem „Comité zur Wiederherstellung des Königstuhls [sic!] bei Rhense" organisiert. Am 30. Dezember folgte die Veröffentlichung eines Spendenaufrufs in derselben Zeitung, wobei die dort unterzeichnenden Personen – Johann Jakob Bohl (Numismatiker, Regierungssekretär), Ludwig Christer (Bürgermeister von Rhens), Dr. Ernst Andreas Dominicus Dronke (Schriftsteller, Gymnasiallehrer), Johann Claudius von Lassaulx (Architekt), J.W. Löhr (Ingenieur-Lieutenant), Abundius Maehler (Oberbürgermeister von Koblenz), Johann Joseph Reiff (Dichter, Regierungssekretär), H.J. Schaltenbrand (Zeitungsredakteur), Johann Christian von Stramberg (Historiker), Georg Wahlert (Preußischer Geheimer Regierungsrat) und Philipp von Wussow (Oberst, 1842 Schlosshauptmann von Stolzenfels) – mit den Gründungsmitgliedern identisch sein dürften. Wie sich nach Erkundigung durch den Rhenser Bürgermeister herausstellte, waren die 1836 minderjährigen Eigentümer von Teilen des Baugrunds inzwischen volljährig und zu einem Verkauf bereit, und da auch die preußische Regierung auf Anfrage darauf verwies, dass dem Antrag auf Wiederaufbau des Königsstuhls schon 1835 stattgegeben worden sei, standen der Ausführung keinerlei Hindernisse mehr im Weg. Veranschlagt wurden für den Ankauf des Bauplatzes, den Bau des Denkmals und die Ausführung zweckmäßiger Anlagen in der Umgebung zunächst Kosten in Höhe von 2.000 Reichstalern.

Die im Verlauf des Jahres 1841 eingegangenen Spenden beliefen sich am 31. Januar 1842 auf insgesamt 1.100 Reichstaler, was angesichts der Konkurrenz durch die gleichzeitigen Sammelaktionen für den Wiederaufbau des Kölner Doms durch den wesentlich bekannteren Dombau-Hülfsverein zu Koblenz als durchaus beachtlich anzusehen ist. Am 10. Januar 1842 versicherte zudem König Friedrich Wil-

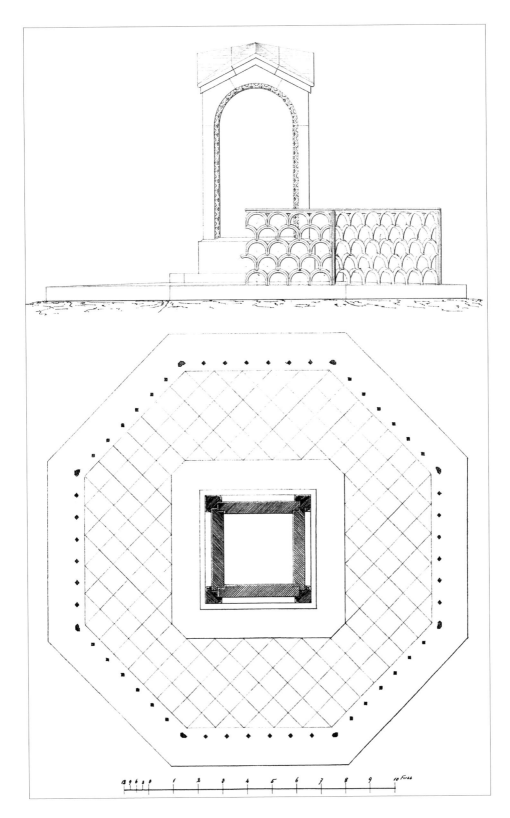

helm IV., das Vorhaben mit Bewilligung der benötigten Steine oder aber durch eine adäquate Geldsumme fördern zu wollen. Angesichts dieser Unterstützung entschloss sich das „Comité", mit dem Wiederaufbau des Königsstuhls nach den Planungen von Johann Claudius von Lassaulx zu beginnen.

Die zu ungewisser Zeit, spätestens aber im Juli 1842 begonnenen Arbeiten, bei denen es sich wohlgemerkt um einen Neubau und keine exakte Rekonstruktion eines früheren Bauzustands handelte, zogen sich bis weit in das Jahr 1843 hinein, wobei über den Bauvorgang als solchen nur wenig überliefert ist. Am 15. September 1843 kündigte das „Comité" den baldigen Abschluss des Wiederaufbaus und dessen bevorstehende Übergabe an Friedrich Wilhelm IV. zu dessen alleiniger Disposition an, verwies jedoch darauf, dass

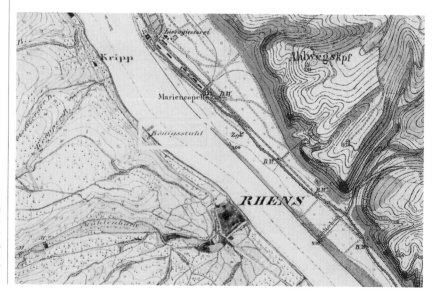

noch 465 Taler für den Überguss des oberen Fußbodens mit Asphalt fehlten. Die kaum verhohlene Bitte hatte schnell Erfolg: Der Monarch übermittelte *etwas über 500 Thaler* und deckte damit das entstandene Defizit. Am 15. Oktober 1843 meldete das „Comité" die Vollendung des Bauwerks und übereignete es dem preußischen König zum Geburtstag, der sein Geschenk letztlich durch seine Zuwendungen mitfinanziert hatte. Ob die Arbeiten zum damaligen Zeitpunkt wirklich abgeschlossen waren oder sich, worauf wenige Indizien schließen lassen, nicht noch bis 1844 hinzogen, bleibt unklar. Die ursprünglich kalkulierten Kosten von 2.000 Reichstalern wurden letztlich mit einer Gesamtsumme von 2.978 Reichstalern und 25 Silbergroschen merklich übertroffen.

In der Folgezeit sollte die Hoffnung der Rhenser Bürger und vieler weiterer Rheinländer auf einen Besuch des Königs unerfüllt bleiben, und gemäß Befund der Schriftquellen wurde nicht einmal eine öffentliche Einweihungsfeier veranstaltet. Lediglich im Verlauf der Revolution von 1848 trat das Bauwerk noch einmal in das Licht der Öffentlichkeit: Anlässlich der Eröffnung der konstituierenden deutschen Nationalversammlung in der Paulskirche zu Frankfurt am Main versammelte sich am 19. Mai eine größere Volksmenge am festlich geschmückten Königsstuhl. Aus dem Kreis der zahlreichen Redner hinterließ vor allem der Koblenzer Oberbürgermeister Friedrich Wilhelm Alexander Bachem einen bleibenden Eindruck, der angesichts der gesellschaftlichen Umwälzungen ernsthaft die Forderung nach einer Umbenennung von „Königsstuhl" in „Volksstuhl" erhob. Unmittelbar nach diesem – je nach politischer Geisteshaltung sehr unterschiedlich bewerteten – Ereignis erlosch das Interesse am neuen Königsstuhl geradezu schlagartig.

Ansicht von Süden mit geöffnetem Türgitter – Älteste derzeit bekannte Photographie, o.J. [1864]

Die Versetzung auf die Rheinhöhe Schawall (1929)

Die Probleme, die aus der Neuerrichtung des Königsstuhls nur wenige Schritte neben der von Koblenz nach Bingerbrück führenden Landstraße resultierten, sollten sich in den folgenden Jahrzehnten noch verschärfen. Das stetig steigende Verkehrsaufkommen nicht nur auf dieser Straße, sondern auch auf der Trasse der seit 1859 unmittelbar westlich anschließenden linksrheinischen Eisenbahn sorgte für Erschütterungen und für starke Staub- und Rauchentwicklung. Zudem wies das Erdgeschoss des Bauwerks – die Plattform des Obergeschosses war immerhin durch das schon während des Neubaus 1843 eingesetzte zweiflügige Torgitter vor unbefugtem Zutritt geschützt – fortwährend Verunreinigungen auf, so dass 1883 zwischen den

Pfeilern ebenfalls Schutzgitter angebracht werden mussten. 1905 und 1913 folgten Erhaltungsarbeiten geringeren Ausmaßes.

In die größte Bedrängnis geriet der Königsstuhl jedoch durch den 1857 freigelegten und seit 1862 industriell verwerteten Sauerbrunnen, dessen Quelle in geringer Entfernung im Rheinbett lag. Als nach dessen Aufgabe 1894 mit dem Rhenser Sprudel (1894) und der Kaiser-Ruprecht-Quelle (1901) binnen eines Jahrzehnts zwei weitere Quellen erbohrt werden konnten, stieg die Produktion des „Rhenser Mineralbrunnens" rasant an. Dadurch bedingt, wuchs auch der Platzbedarf des Unternehmens insbesondere für sein Flaschenlager stetig, das seit der Jahrhundertwende immer näher an die kleine Parzelle des Königsstuhls heranrückte. Aus diesem Grund versuchte die Firmenleitung bereits einige Jahre vor 1911, eine Verlegung „auf ein höher liegendes Gelände" auf eigene Kosten durchzuführen, was zwar in besagtem Jahr vor Ort seitens der maßgeblichen Institutionen verhandelt, aber offensichtlich abgelehnt wurde.

Nachdem 1918 ein weiterer Vorstoß zur Umsetzung des Bauwerks gescheitert war, unternahm der Eigentümer der Rhenser Mineralbrunnen AG 1925 einen dritten Versuch. Nach Einschaltung des Regierungspräsidenten und des Konservators der Rheinprovinz wurde zunächst einige Monate lang über den neuen Standort beratschlagt, wobei selbst eine Versetzung auf (!) die Landstraße zur Diskussion stand. Ende des Jahres 1926 fiel die Entscheidung schließlich einhellig zu Gunsten der Rheinhöhe Schawall und gegen eine nur geringfügige Umsetzung in westliche Richtung an den Fuß der Rheinhöhen. Der neue Standort wurde mittels eines maßidentischen, im Mai nochmals angepassten Holzmodells an mehreren Besichtigungsterminen von April bis Juni 1927 auf seine Tauglichkeit hin geprüft und schließlich am 3. Juni 1927 von den beteiligten Personen und Institutionen als geeignet befunden. Für die Finanzierung der Abriss- und Wiederaufbauarbeiten wurde 1928 eine „Sammel-Geldlotterie" or-

ganisiert, welche die veranschlagten 8.000 Reichsmark offensichtlich problemlos einspielte. Zur Übernahme der nötigen „Hand- und Spanndienste" erklärte sich zudem die Gemeinde Rhens bereit. Da der Königsstuhl gemäß vertraglicher Einigung zwischen dem Staat Preußen und den Mitgliedern des ehemaligen preußischen Königshauses 1925 an Preußen gefallen war, stand der Versetzung auch von rechtlicher Seite nichts mehr im Weg.

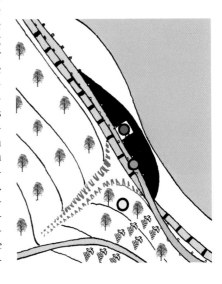

Blick von Süden auf den Königsstuhl, die Gebäude des Rhenser Mineralbrunnens, die Landstraße und die Trasse der linksrheinischen Eisenbahn (von rechts nach links) – Photographie, o.J. [um 1910]

Über die weiteren Einzelheiten des Versetzungsvorgangs liegen nur wenige zuverlässige Nachrichten vor, wobei bedauerlicherweise nicht eine einzige Photographie überliefert ist: Wie es scheint, wurde der Königsstuhl durch den Bopparder Maurermeister Nikolaus Bach noch im Jahr 1928 abgebaut und – angeblich nach Transport mittels 115 Pferdefuhren – 1929 auf der Schawall neu errichtet. Der Treppenaufgang, dessen unteres Podest vermindert und um zwei Treppenstufen reduziert worden war, zeigte nun nach Südwesten in Richtung der vorbeiführenden Straße nach Waldesch; das schmiedeeiserne zweiflüglige Türgitter von 1843 und das zwischen den Pfeilern verlaufende Schutzgitter für das Gewölbe von 1883 fanden keine Verwendung mehr und gingen für lediglich 30 Reichsmark an Nikolaus Bach. Das Gelände um den Königsstuhl wurde auf der Bergseite mit leichtem Anstieg als eine Art Vorplatz planiert und rhein-

seitig mit einer Futtermauer aus Bruchsteinen stabilisiert und abgeschlossen. Von im Vorfeld bereits ausdrücklich abgelehnten „gärtnerischen Anlagen" wurde tatsächlich abgesehen; lediglich der Bruchsteinsockel des Bauwerks erhielt eine Umpflanzung mit „dichtanliegenden Efeupflänzchen", während auf dem Vorplatz seitlich flankierend zwei Linden mit jeweils einer darunter aufgestellten Bank eingesetzt wurden.

Spätestens am 8. Mai 1929 waren die Arbeiten nach Ausweis der Rechnungslegung von Nikolaus Bach beendet. Von den Gesamtkosten in Höhe von nahezu 6.000 Reichsmark entfielen gut 4.000 auf Ab- und Wiederaufbau sowie gut 1.150 auf die Herstellung der Fundamente am neuen Standort. Nach Abzug weiterer Kosten für zuvor zu günstig kalkulierte Hand- und Spanndienste verblieb ein Überschuss zu den vorhandenen, vor allem aus dem Lotterieertrag herrührenden Finanzmitteln (8.200 Reichsmark) in

Blick von Süden auf den kurz zuvor auf die Rheinhöhe „Schawall" versetzten Königsstuhl – Photographie, o.J. [kurz nach 1929]

Höhe von gut 1.200 Reichsmark, der auf Wunsch der Gemeinde Rhens zur Sanierung des dortigen Rathauses verwendet werden sollte. Vom 6. bis zum 7. Juli fanden umfangreiche Feierlichkeiten statt, zu denen auch ein Umzug mit zahlreichen Schauwagen sowie ein Festspiel, das historische Ereignisse rund um den Königsstuhl thematisierte, zählten.

Am Hauptgebäude des Rhenser Mineralbrunnens, dessen Geschäftsleitung im Oktober 1929 das freigeräumte Gelände des alten Königsstuhls erworben hatte, erinnert eine vom Goslarer Bildhauer Rudolf Nickel (1890–1975) angefertigte, reliefierte Schiefertafel (1,20 m x 2 m) mit einer Darstellung des alten Königsstuhls nebst nicht fehlerfreier Bildunterschrift an dessen ursprünglichen Standort auf dem Werksgelände. Angefertigt wohl im zeitlichen Umfeld der Versetzung des Bauwerks im Jahr 1929, lässt die heu-

Gedenktafel am Hauptgebäude des Rhenser Mineralbrunnens in der Nähe des ursprünglichen Standorts des Königsstuhls

29

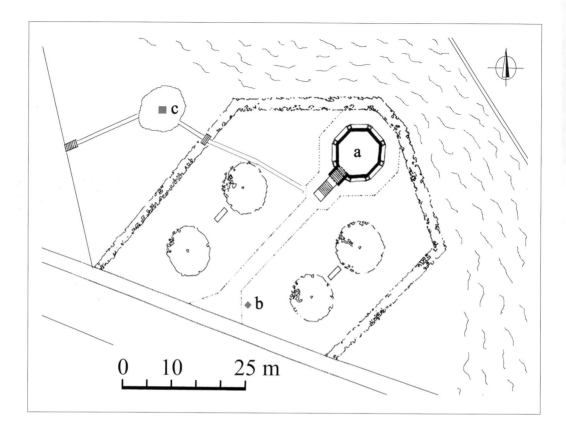

0   10   25 m

Lageskizze des
Königsstuhls auf der
Schawall (a) mit
Orientierungsstein (b)
und Friedenskreuz (c)

tige Anbringung mittels sechs unge-
schickt platzierter Verschraubungen
darauf schließen, dass sich diese Tafel
ebenfalls nicht mehr am ehemaligen
Platz befindet.

Von 1929 bis zur Gegenwart

Die 1929 nach der Translokation des
Königsstuhls auf die Rheinhöhe Schawall geschaffene Situation besteht
ohne wesentliche Veränderungen auch
heute noch. Im Rahmen einer größeren
Konservierungsmaßnahme erfuhr das
gesamte Bauwerk von 1979 bis 1982
eine grundlegende Reinigung. Wegen
zunehmender Wasserschäden mussten
das Gewölbe saniert und die Dichtung
des Fußbodens der Plattform erneuert
werden. Zudem wurden an der Innen-
wand unter der Treppe eine große Zeittafel mit den Wappen der Kurpfalz

(oben, nach Johann Siebmachers „New
Wapenbuch" von 1605) und der Verbandsgemeinde Rhens (unten) sowie
an den flankierenden Pfeilern die
Wappen des Landkreises Mayen-Koblenz und des Bundeslandes Rheinland-
Pfalz angebracht. Seit September 1980
befindet sich in unmittelbarer Nach-
barschaft das auf Initiative der Kaiser
Ruprecht Bruderschaft errichtete, 2011
vollständig erneuerte Friedenskreuz,
das damals wie heute an die Bedeutung und Notwendigkeit des Weltfrie-
dens erinnert. 2010 wurde schließlich
im Rahmen des durchgängigen Infor-
mations-, Orientierungs- und Leitsys-
tems für landeseigene Baudenkmäler
durch die Generaldirektion Kulturelles
Erbe Rheinland-Pfalz auf dem Vorplatz nahe der Landesstraße ein Orientierungsstein errichtet, der – auch in
Brailleschrift – die wichtigsten Daten
zur Geschichte des Königsstuhls vermittelt.

Seite 31:
Gedenk- und Zeittafel
am Königsstuhl,
begleitet von den
Wappen des 1970
gegründeten
Landkreises Mayen-
Koblenz (links) und des
Bundeslandes
Rheinland-Pfalz
(rechts)

■ Der ursprüngliche Königsstuhl (14.–18. Jahrhundert)

Der Königsstuhl zu Beginn des 17. Jahrhunderts – Rekonstruktion nach Wilhelm Dilich und den erhaltenen Fragmenten von Johannes Erichsen; Visualisierung: Peter Götz, München (© Johannes Erichsen, München)

Form und Dimensionen des historischen Königsstuhls lassen sich aus Beschreibungen, Ansichten und erhaltenen Werksteinen mit einiger Sicherheit rekonstruieren. Die wohl erste – und erstaunlich präzise – Beschreibung stammt von dem als Verfasser des satirischen „Narrenschiffs" berühmt gewordenen Straßburger Humanisten Sebastian Brant (1457/58–1521). Sie war als Teil einer unvollendeten „Chronick über Teutschland" gedacht gewesen, an der Brant in seinen letzten Jahren arbeitete; Caspar Hedio (1494–1552) hat den Text 1539 in seiner „Beschreibung etlicher Gelegenheit Teutscher Land" veröffentlicht: „Zwischen Rhens und Kapellen liegt der Königsstuhl (*Künigstůl*), wo man einen Römischen König nach der Wahl hinführt. Das ist ein gemauerter Sitz auf großen steinernen Säulen mit sieben Schwibbögen. In der Mitte steht auch eine Säule. Man geht 18 steinerne Stufen hinauf, man kann ihn verschließen. Er liegt unter sieben großen Nussbäumen, ist sehr zerfallen, dass es doch wohl zum Erbarmen ist. Oben sind ringsum mit Steinen abge-

plattete Sitze. Und es hat jeglicher rheinische Kurfürst ein eigenes Schloss oder eine Stadt, wo er zurzeit der Wahl sicher hinkommen mag und wieder zu seinem Eigentum vom Königsstuhl aus, nämlich Mainz Lahnstein, Trier Kapellen, Köln Rhens, der Pfalzgraf den Pfalzgrafenstein oder Kaub am nächsten." Der von Brant erwähnte schlechte Zustand ist nicht verwunderlich, da die Plattform des Königsstuhls nicht überdacht war und Regen und Frost mit der Zeit das Gewölbe zerstören mussten. Deshalb wurde das Bauwerk – wenn eine verlorene Bauinschrift richtig gedeutet wird – 1624 kurz vor Ende der hessischen Pfandherrschaft restauriert, offenbar ohne dabei wesentliche Veränderungen zu erfahren.

Die auf eigene frühe Anschauung in den 1640er/1650er Jahren gestützte Beschreibung durch Johann-Just Winkelmann (1620–1699) in seiner „Warhafte[n] Beschreibung der Fürstenthümer Hessen und Hersfeld" von 1697 stimmt in den Grundaussagen mit Brant überein: *Ist gebaut in die Runde von Quadersteinen mit sieben Schwibbögen, steht auf neun steinernen Säulen, deren eine in der Mitte. Ist* *sonst ganz offen und darüber gewölbt. Hinauf steigt man 18 Stufen, Treppen oder Steigen. Ist mit zwei starken Türen, mittels deren man ihn verschließen kann, versehen. Seine ganze Runde und Umkreis erstreckt sich auf etwa 40 Ellen und 1 1/2 Viertel [= ca. 23,25 m], in der Breite auf 13 Ellen weniger 1 1/2 Viertel [= ca. 7,30 m], in der Höhe auf 8 Ellen und 1/4 nach Rhenser oder Bopparder Ellen [= ca. 4,80 m] zu rechnen. Ist mit sieben Sitzen für die damaligen sieben Kurfürsten gemacht.*

Schon vor der mutmaßlichen Restaurierung von 1624 aber hat der Geograph und Historiker Wilhelm Dilich (1571–1650), der im Zuge der Kartierung hessischer Ämter um 1608/1609 auch das vom Erzstift Köln an die Landgrafschaft Hessen-Kassel verpfändete Amt Rhens vermessen hatte, das historische Denkmal auf seiner Karte abgebildet. Seine detaillierte Darstellung erhebt Anspruch auf Maßstäblichkeit, denn ihr ist eine Messlatte beigegeben. Da das dabei verwendete Maß sich als „alter Kasseler Schuh" (1830 offiziell umgerechnet mit 28,491 cm) bestimmen lässt, gestattet sie eine recht getreue graphische Rekonstruktion des verlorenen Bauwerks, dessen ursprüngliche Höhe gegen 5 m betrug, der Durchmesser über die Oktogonecken 7,20 m, während der Treppenvorbau etwa 2,60 m vorsprang. Alle Maße stimmen mit den Angaben Winkelmanns fast vollständig überein. Im Vergleich mit der letzten authentischen Darstellung, der 1792/1794 entstandenen und 1798 als kolorierter Kupferstich veröffentlichten Zeichnung des Laurenz Janscha (1749–1812) ist freilich nicht zu übersehen, dass Dilich den Treppenaufgang und seine Anschlüsse weniger getreu protokolliert hat als die achteckige Grundform.

Bestätigt werden Dilichs Angaben für das Oktogon durch die vom historischen Königsstuhl erhaltenen Fragmente. Beim Wiederaufbau 1842/1843 stand die mittlere Säule samt Fuß- und Kämpferplatte zur Verfügung, welche die Höhe der Bogenansätze überlieferte und Hinweise auf die Gewölbeform gab. Erhalten waren (und sind noch heute) außerdem sieben von ehemals acht Kämpferplatten der Pfeiler sowie Fragmente der Treppenstufen. Die Kämpferplatten bezeugen die richtige Wiedergabe der rechteckigen Pfeilerform und der Strebepfeileransätze sowohl bei Dilich als auch bei Lassaulx' Rekonstruktion. Daher darf man dem Vermesser wohl auch bei der ungewöhnlichen Bekrönung der Strebepfeiler Glauben schenken, die zudem durch eine Skizze des 18. Jahrhunderts gestützt wird.

Dilichs Zeichnung enthält auch Angaben zur Farbigkeit des Königsstuhls um 1600: Die Werksteinteile waren rot gestrichen, die geputzten Mauerflächen weiß. Gebäudekanten und Bögen bestanden offenbar nur aus Bruchsteinmauerwerk. Als Werkstein wurde nach Ausweis der Fragmente Basaltlava verwendet. Pfeiler und Strebepfeiler, Kranzgesims und Stufen waren somit sicherlich nicht am Bauplatz gearbeitet, sondern in den Basaltlavabrüchen von Mendig vorgefertigt und dann rheinaufwärts verschifft worden.

Für das reine Mauerwerk konnte der in Rhens anstehende Schiefer Verwendung finden, für die Gewölbe wohl auch Backstein. Damit würde verständlich, warum die Zerstörung des Bauwerks nur wenige markante Teile hinterlassen hat.

In der Baugestalt des Königsstuhls verbanden sich die mittelalterlichen Traditionen der Gerichtsstätte, in deren Schranken nur Richter und Schöffen Platz nehmen durften, und des als Bühne erhöhten Ehrenplatzes, auf dem König und Kurfürsten in der Öffentlichkeit auftraten, zu einem wohl einzigartigen Bauwerk. Es war, soweit bekannt, das einzige, das ausschließlich für die Bedürfnisse des Heiligen Römischen Reichs errichtet worden ist. Zeremoniell bedeutsam freilich waren wohl nur die Höhe der Tribüne und ihre Gestalt. An den sieben freien Seiten des Oktogons – an der achten lag die Treppe, deren Ummauerung und Türen Unberechtigten den Zugang verwehrten – konnten die Kurfürsten Platz nehmen und beraten, über die Brüstung auch der neugewählte König

die Huldigung entgegennehmen. Das Ganze fand unter freiem Himmel statt; die schon bei Brant erwähnten sieben großen Nussbäume dienten zur Beschattung und symbolischen Auszeichnung. Der Unterbau der Tribüne mit Arkaden und Unterwölbung war konstruktiv bedingt, konnte aber eventuell zum Zelebrieren einer Messe genutzt werden, wie sie spätestens seit den Bestimmungen der Goldenen Bulle von 1356 vor einer Königswahl üblich war und erstmals für die Wahl Pfalzgraf Ruprechts im Jahr 1400 belegt ist. Die gewählten Architekturformen waren rein funktional – sie zeigten, wie der Kunsthistoriker Franz Kugler (1805–1858) im Jahr 1852 bemerkte, „Formen, wie sie auch sonst an derjenigen Klasse spätgothischer Bauwerke des Rheinlandes, welche das [sc. gotische] System auf seine einfachsten Prinzipien zurückführt, vorkommen". Zweifellos wurde die Architektur zu zeremoniellen Anlässen mit Textilien dekoriert, wie es für die Präsentation König Friedrichs III. im Jahr 1442 beschrieben wird.

Die Gartenterrasse des „Hotels Königstuhl", Rhens, mit der Fassade des Weinkellers

Der „Gasthof zum Königsstuhl" in Rhens: Erinnerungsarchitektur mit Originalteilen

Mit der Zerstörung des ehrwürdigen Zeugnisses der Reichsverfassung waren vor allem jene Rheinländer nicht glücklich, die durch Amt oder gesellschaftliche Stellung mit dem Reich verbunden gewesen waren. 1812 schrieb der Rhenser Bürger Joseph Ignaz Kügelgen (1770–1821) eine kurze, nur fragmentarisch erhaltene Notiz über den Königsstuhl: *Einige seiner Steine begränzen noch den Platz wo er stund. Ich schäzte [sic!] mich glücklich, den mittleren Pfeiler 6 Jahre nach seinem Zerfall an mich zu bringen. Diese ärmlichen Reste stolzer Erinnerung sind alles, was Rhens von seiner ehemaligen Auszeichnung aufzuweisen hat. Denn auf der gloorreichen Städte des Königstuhls, wo sich sonst Deutschlands bekrönte für das Wohl des römischen Kayserthums beratheten [sic!] weiden jetzt Ochsen und Schaafe. Kügelgen –*

Sohn des Bacharacher Schultheißen Franz Anton Kügelgen, Enkel des Rhenser Schultheißen und Kellners Johann Sebastian Hoegg sowie älterer Bruder der Maler Gerhard und Karl von Kügelgen – stammte aus der gebildeten Beamtenschicht, auf welche sich die Erzbischöfe und Kurfürsten von Köln in ihrer Spätzeit gestützt hatten. Als Jurist hätte er in die Fußstapfen seiner Vorfahren treten sollen; der durch die französische Besetzung bedingte Verlust der Ämter nötigte die Familien Hoegg und Kügelgen dann aber dazu, in dem privatisierten kurkölnischen Amtshaus zu Rhens einen Gasthof einzurichten, der durch seinen Namen ausdrücklich Bezug auf den Königsstuhl nahm.

Es ist ungewiss, ob dieser „Gasthof zum Königsstuhl" (später „Hotel Königstuhl", seit 2009 geschlossen) noch vor oder erst nach dem Übergang des Rheinlands an das Königreich Preußen im Jahr 1815 etabliert worden ist. Der Name jedenfalls war Programm: Im nördlich vorgelagerten Hof entstand eine Gartenterrasse über Weinkellern, deren Fassade mit Blendarkaden gegliedert wurde und deren Bögen auf sieben der originalen, gestürzt eingebauten Kämpfersteinen des Königsstuhls ruhten. Eine Rampe, gleichfalls über einem Bogen, führte hinauf. Unschwer lässt sich in dieser noch heute erhaltenen Kleinarchitektur eine Reminiszenz an den Arkadenbau des Königsstuhls erkennen – mithin ein sentimentales Denkmal unter Verwendung von Originalteilen, wie es in zeitgenössischen „englischen" Gärten nicht selten war. Auf der Terrasse, gleichsam „auf dem Königsstuhl" und ebenfalls unter Bäumen, konnte man beim Wein, auf den Rhein blickend, an die vergangene Größe des verlorenen Reiches zurückdenken.

Auch andere Werkstücke wurden in Rhens pragmatisch wiederverwendet. Vor der Tür des unweit nördlich vom ehemaligen Hotel Königstuhl gelegenen „Deutschen Hauses" befinden sich noch heute Stufen, die der Form nach wohl vom Königsstuhl herstammen – jedenfalls hat Lassaulx sie dafür gehalten und die eigentümliche Aussparung des Stoßes der Stufen für seinen Wiederaufbau übernommen.

Der Neubau (1843–1929)

Als es dem „Comité zur Wiederherstellung des Königstuhls bei Rhense" zu Beginn des Jahres 1842 gelang, König Friedrich Wilhelm IV. von Preußen zu moralischer wie materieller Unterstützung seines Vorhabens zu bewegen, stand der Architekt längst in den Startlöchern. Bereits 1834, als von Rhens aus erstmals die „Herstellung" des Königsstuhls bzw. Errichtung eines Denkmals angeregt worden war, hatte die preußische Regierung in Koblenz ihren Bauinspektor Johann Claudius von Lassaulx eingeschaltet. Dieser stand dem Projekt zunächst reserviert gegenüber, zumal er die erhaltenen Reste einem späteren Neubau zuweisen zu müssen glaubte. Seinem Gutachten vom 21. Juli 1834 entnahm die Koblenzer Regierung, dass ... *von dem wirklichen ältern Denkmahle nichts mehr vorhanden, und die Wiederherstellung des in spätern Zeiten errichteten sehr schwierig, kaum noch möglich seyn wird*, und lehnte das Bauvorhaben am 28. August erst einmal ab. Doch gelang es dem Rhenser Bürgermeisterei-Verwalter Reusch im darauf folgenden Jahr, Regierung und Bauinspektor zu einer positiveren Einstellung zu bewegen. Lassaulx erhielt am 30. Mai 1835 den amtlichen Auftrag, ... *wegen des Ankaufs der in Rhens und auf dem Oberwerth* (d.i. die Rheininsel Oberwerth bei Koblenz) *noch vorhandenen UeberReste des vormal. Königsstuhls die Unterhandlungen einzuleiten*, und lieferte in der Folgezeit auch Entwürfe und Kostenvoranschläge sowohl für den Neubau wie auch für ein einfaches Denkmal (vgl. Abbildung S. 23).

Aufgrund dieser Vorgeschichte war Lassaulx 1842 nicht nur mit den Problemen des Bauplatzes sowie mit alten Beschreibungen und Ansichten (neben dem Aquatinta-Blatt Janschas von 1792/94 außerdem mit einer dilettantischen anonymen Zeichnung, jedoch nicht mit der Dilichschen Darstellung) vertraut, sondern darüber hinaus mit den in Rhens noch vorhandenen Fragmenten, deren Formen in seinen Entwurf einflossen. Formal stand er allerdings auch unter dem Eindruck des Rekonstruktionsversuchs von Bernhard Hundeshagen aus dem Jahr 1825, der – seinerseits inspiriert durch die unzuverlässige Wiedergabe in der Veröffentlichung von Rink aus dem Jahr 1735 – das mittelalterliche Bauwerk in neugotische Formen gepresst hatte. Anfang des Jahres 1842 wurden am

alten Platz die historischen Fundamente ausgegraben, die Hinweise auf die Dimensionen gaben. Für den Neubau wiederverwendet wurden von den erhaltenen Spolien freilich nur Sockel und Kämpferplatte der Mittelsäule, die als ganze vom „Comité" erworben werden konnten. Der Rückkauf der Kämpfer aus dem „Gasthof zum Königsstuhl" scheiterte offiziell an der Preisforderung, außerdem aber wohl auch am Zustand der Fragmente und an den Zwängen, die sie für die Proportionierung des Neubaus mit sich gebracht hätten.

Denn bereits im Februar 1835 hatte Lassaulx sich gegenüber dem Oberpräsidium kritisch über die kunstlose Gestalt des historischen Königsstuhls geäußert. Offenbar empfand er als unangemessen, dass ... *ein Thron für die höchsten Fürsten eines mächtigen Reichs zur feierlichen Wahl ihres Kaisers in einer unbedeckten im Lichten nur 19 Fuß weiten 12 Fuß hohen Bühne bestand, aus rohen Steinen zusammengefügt und mit einer Treppe, die heute für das geringste Bürgerhaus zu schlecht sein würde*. Sollte man diese Form wiederherstellen oder nicht doch ein kunstvolles Denkmal errichten? Und musste ein Denkmal am historischen Platz stehen?

Die Probleme dieser „Denkmal-Zielstellung" kurz nach der deutsch-französischen „Rheinkrise" von 1840 erhellt ein Disput des Bauinspektors mit dem befreundeten Kunsthistoriker Franz Kugler. Angesichts ungenauer Zeichnungen bezweifelte Kugler die Datierung der Architekturformen ins 14. Jahrhundert und vermutete einen Zusammenhang mit den Maßnahmen von 1624. Demzufolge sei es ... *unmöglich, ein Facsimile des alten Denkmals aufzuführen, und es wird die besondere Ausbildung des neuen – abgesehen von jenen allgemeinen Bestimmungen der Anlage – der künstlerischen Phantasie überlassen bleiben*. Darin sah Kugler aber kein Problem: *Denn nicht um das Detail der Form handelt es sich hier, sondern um die*

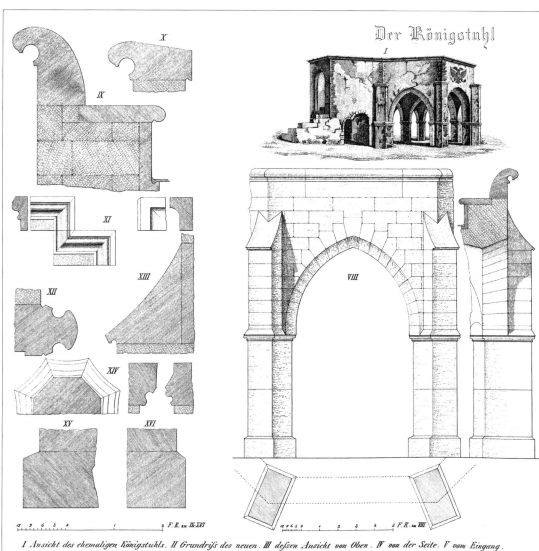

I Ansicht des ehemaligen Königstuhls. II Grundriß des neuen. III deßen Ansicht von Oben. IV von der Seite. V vom Eingang.
Rundsitzes in ⅛ der natürlichen Größe. X der Mauerdeckel. XI der Treppe. XII der Thüreinfaßung. XIII der Strebenpfeilerkrönung

Entwürfe für den Neubau des Königsstuhls von 1842/43 – Lithographie von F[ranz X.] Becker nach Zeichnungen von Johann Claudius von Lassaulx, o.J. [1842?]

Bedeutung, welche das Denkmal für seine Zeit hatte und welche die Erinnerung an dasselbe für unsere Zeit haben soll. Der Königsstuhl sei ein Ort der politischen Einigung der deutschen Fürsten gewesen, *die Erneuung des Denkmals aber soll auch uns ein Zeichen der Einigung, nach innen und gegen außen, seyn. Für jetzt bleibt uns nur der Wunsch, daß diese Erneuung in würdiger künstlerischer Gestalt, – der höchsten Ausbildung gemäß, welche die Gothische Baukunst im vierzehnten Jahrhunderte erreicht hatte, – geschehe* ... Lassaulx übersandte daraufhin Zeichnungen der *Kapitälgesimse*, welche Kuglers Bedenken ausräumten – offenbar erkannten nun beide, dass die erhaltenen Teile aus dem Spätmittelalter herrührten. Dennoch kritisierte Kugler in einem Nachtrag von 1852 die *ziemlich rohe Komposition* der ursprünglichen Substruktion mit den einfachen kubischen

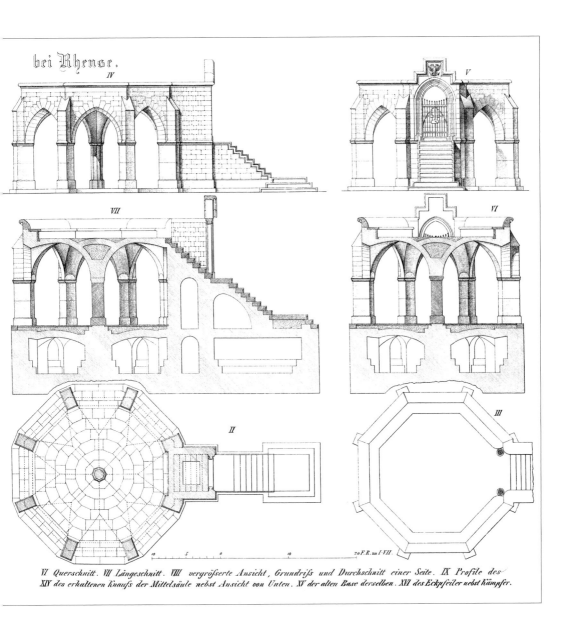

bei Rhense.

VI Querschnitt. VII Längeschnitt. VIII vergröfserte Ansicht, Grundrifs und Durchschnitt einer Seite. IX Profile des XIV des erhaltenen Knaufs der Mittelsäule nebst Ansicht von Unten. XV der alten Base derselben. XVI des Eckpfeilers nebst Kämpfer.

Pfeilern und Bögen, *ohne dass, namentlich unterwärts an dem Pfeiler selbst, irgend eine Vermittlung oder Vorbereitung, wie solche bei derartigen Verhältnissen im wesentlichen künstlerischen Princip der gothischen Architektur liegt, angewandt war.* Insgesamt aber fand die Nachschöpfung Gnade vor Kuglers Augen: *Das Werk konnte demnach allerdings, seiner ursprünglichen Anlage sich etwas mehr annähernd, als von mir vorausgesetzt war, reconstruirt werden. Aber das viel Wesentlichere bei der Sache blieb immer die Idee und die Bedeutung der letzteren für die Zeit, welche eine solche Reconstruction unternahm. So sollte das Denkmal zwar an die große Vergangenheit erinnern, jedoch war es adaptiert für die Vorstellungen der Gegenwart; nicht seine belegte Erscheinung galt als Geschichtszeugnis, sondern der unterstellte politische Gedanke, an den angeknüpft werden sollte.*

39

Zweifellos hat Lassaulx solche Vorstellungen geteilt, als er eine „kunstgerechtere", gotischere Version des Königsstuhls anstrebte. Beim Oktogon hielt er zwar an den überlieferten Grundzügen des historischen Bauwerks fest, „korrigierte" aber die historische Form, indem er die Arkaden durch eine Erhöhung der Pfeiler um einen Fuß sowie durch Spitzbögen statt der verzogenen Rundbögen schlanker und eleganter gestaltete. Zugleich vergrößerte er den Pfeilerquerschnitt von 3:5 auf 3:6 und konnte damit die Strebepfeiler, die nun Pultdächer erhielten, stärker herausarbeiten. Vor allem aber verlieh er dem Aufgang eine würdigere Form. Anstelle des belegten, rein funktionalen Treppenvorbaus schuf er ein hochgelegenes gotisches Portal mit Stufengiebel. Der neue Portalvorbau wurde durch das Herumführen der Profile von Pfeilerbasis und -kämpfer kunstgerechter mit dem Oktogon verbunden. Vor ihm legte er eine großzügige Freitreppe an, die durch ein quadratisches Podest drei Stufen über dem Geländeniveau zusätzlich ausgezeichnet wurde. Das Hinaufschreiten zur Denkmalplattform wurde so theatralisch in Szene gesetzt.

Seite 42/43:
Ansicht von Südosten

Nicht realisiert wurde die niedrige Krypta, die Lassaulx unter dem Bau, der aus Rücksicht auf das Straßenniveau höher zu liegen kam als sein Vorgänger, anlegen wollte. Denn der Neubau stand hart am Rande der zur Franzosenzeit neu trassierten Chaussee. Aus Rücksicht auf den baupolizeilich geforderten Abstand musste er auch gedreht werden: Die Treppe wurde nicht mehr nach Westen, sondern nach Süden gerichtet. Als Material griff Lassaulx die schon für die Werksteine des Urbilds belegte Mendiger Basaltlava auf. Da er sie aber auch in Mauern und Gewölben verarbeitete und unverputzt ließ, präsentierte sich der Neubau einheitlich in Schwarz statt im hergebrachten Rot und Weiß – nicht unpassend in einer der heraldischen Farben des preußischen Königs, der den Neubau ermöglicht hatte und ihn nach der Vollendung zum Geschenk erhielt. Der Königsstuhl wurde damit Eigentum der preußischen Krone und im 20. Jahrhundert Staatsbesitz.

◼ Der heutige Königsstuhl (seit 1929)

Der heutige Königsstuhl entspricht noch weitgehend dem 1842–1843 von Johann Claudius von Lassaulx errichteten Neubau. Seinen funktionalen Kern bildet eine Tribüne, deren Konstruktion nach den Regeln gotischer Architektur entwickelt ist.

An den Ecken des Grundriss-Achtecks sind, sternförmig ausstrahlend, einfache rechteckige, 1,95 m hohe Pfeiler mit 10 cm hohen Kämpferplatten angeordnet. Auf deren innerer Hälfte ruhen die bis zu einer Höhe von 3,70 m ansteigenden spitzbogigen Arkaden, welche die Umfassungsmauer der Tribüne tragen; auf der äußeren Hälfte hingegen stehen 2,20 m hohe Strebepfeiler, deren Querschnitt mittels in die Kämpferplatten eingearbeiteter Abschrägungen leicht reduziert ist. Diese Strebepfeiler leiten den Schub des zwischen den Pfeilern angeordneten Ge-

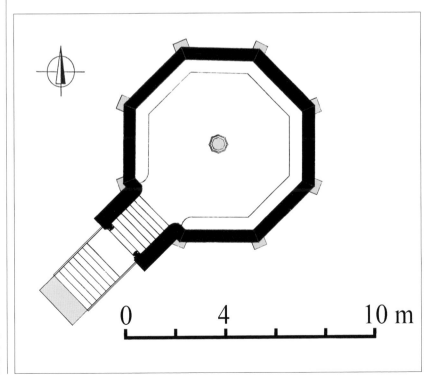

Grundrissskizze
(grau: Erdgeschoss-
niveau, schwarz:
Obergeschossniveau)

41

wölbes ab, das über seinem Scheitel in 3,50 m Höhe die Plattform trägt. Zur Verringerung der Spannweite und damit des Gewölbeschubs dient die schlanke achteckige, 2,15 m hohe Mittelsäule, deren Basis und Kämpferplatte als einzige Originalteile vom gotischen Bau wiederverwendet sind. Das gratige Gewölbe besteht aus acht Segeln, die sich von der Mittelsäule zu den inneren Pfeilerstirnen spannen. Da das Gewölbe und die Arkaden der Umfassung auf denselben Kämpferplatten aufsitzen, gehen die Arkaden in große Stichkappen über, die im Grundriss den Eindruck eines Sterngewölbes hervorrufen. Auf der eine Breite von 6 m (Außenmaß) erreichenden Plattform ist eine umlaufende Bank angelegt, in der einst durch Steinplatten die Sitze der Kurfürsten hervorgehoben waren. Die geschwungene, nahtlos in das umlaufende Abschlussgesims übergehende Rückenlehne ist eine elegante Erfindung des Architekten.

Die Freitreppe (mit modernem Geländer) und ihre Profilierung, die offenbar den Treppenstufen vor dem „Deutschen Haus" folgt

Seite 44:
oben:
Portal über der Treppe mit dem Stufengiebel, dessen Feld nach der Lassaulxschen Planung den Reichsadler zeigen sollte

unten:
Blick von der Plattform auf die Innenseite des profilierten Eingangsportals

Orientiert sich das Oktogon mit seiner Seitenlänge von etwa 3 m (außen) selbst noch am mittelalterlichen Baubestand, so hat Lassaulx den Aufstieg zur Denkmalplattform gänzlich neu inszeniert. Der deutlich kürzere Portalvorbau ist durch das Herumführen der Profile von Pfeilerbasis und -kämpfer mit dem Oktogon zu einer Einheit verbunden. Um das hochgelegene, reich profilierte und 1,70 m hohe Spitzbogenportal zu erreichen, in dessen Stufengiebel der doppelköpfige Reichsadler auf die Bestimmung des Bauwerks hinweisen sollte, muss der Besucher eine Freitreppe ersteigen, die erst neuerdings mit einem Geländer gesichert worden ist. Bis zur Umsetzung besaß diese Treppe neben dem oberen auch ein quadratisches unteres Podest, das man über zwei dreiseitig umlaufende Stufen betrat. Letzteres wurde 1929 in seiner Länge um 1 m und um die beiden Stufen reduziert; seither weist die Treppe nur

noch 16 statt der ursprünglich 18 Stufen auf.

Im Zuge der Umsetzung verschwand zudem das 1883 eingesetzte Gitter, wodurch der gepflasterte Raum unter der Plattform an Bedeutung gewonnen hat. Seit der Restaurierungsmaßnahme von 1979–1982 trägt die Wand unter der Treppe eine Zeittafel mit den Wappen der Verbandsgemeinde Rhens (unten) und der Kurpfalz (oben), die von Wappensteinen des Landkreises Mayen-Koblenz und des Bundeslandes Rheinland-Pfalz flankiert wird. Als Aussichtsturm über dem Rheintal ist das einstige Monument der politischen Bedeutung der Kurfürsten im spätmittelalterlichen Heiligen Römischen Reich (seit ca. Mitte des 15. Jahrhunderts: deutscher Nation) in der touristischen Wirklichkeit der Bundesrepublik angekommen, welche Denkmäler nicht weniger in ihren Dienst stellt als unsere Vorfahren vor eineinhalb Jahrhunderten.

45

■ Rezeption in der Literatur

Seit dem 16. Jahrhundert ist der Königsstuhl immer wieder in der Literatur mehr oder minder qualitätvoll behandelt worden. Während diese frühen Darstellungen sich fast vollständig auf Aussagen zu seiner Geschichte und Bedeutung beschränken, seltener aber Angaben zu seiner Baugestalt liefern, lässt sich im 19. Jahrhundert beobachten, dass das Thema „Königsstuhl" nun auch poetisch verarbeitet wurde. Im Hintergrund stand dabei zumeist die Absicht, einen Zusammenhang mit dem aktuellen politischen Geschehen herzustellen.

Titelblatt eines 1871 zu Ehren des Geburtstags von Kaiser Wilhelm I. am Stadttheater Mainz aufgeführten „allegorischen Festspiels" von Franz Bittong über den Königsstuhl

Am Königsstuhl zu Rhense.

Allegorisches Festspiel in einem Aufzuge

von

Franz Bittong.

Aufgeführt auf dem Stadttheater zu Mainz am Geburtsfeste
Sr. Majestät des Kaisers.

Mainz,
G. Faber'sche Buchhandlung (Jos. Stenz).
1871.

So äußerte Aloys Schreiber („Der Königsstuhl bei Rhense") 1813 erstmals den Wunsch nach einem Wiederaufbau des wenige Jahre zuvor zerstörten Bauwerks. Noch heute großer Bekanntheit erfreut sich das Gedicht „Kaiser Wenzel" von Franz Gabriel Drimborn aus dem Jahr 1837, das Ende der 1850er Jahre Eingang in das 1858 erstmals erschienene Allgemeine Deutsche Kommersbuch und dadurch weite Verbreitung fand, auch wenn der Inhalt aus historischer Sicht erfunden und alles andere als fehlerfrei ist. In diese Zeit der Diskussion um den 1842 begonnenen Neubau des Königsstuhls gehören auch die lyrischen Verarbeitungen von Gustav Pfarrius („Der Königsstuhl bei Rhense", 1841) und Emerich Jaonvahrs („Die Fahrt nach dem Königsstuhl", 1841) sowie die mit einer historischen Einleitung versehenen Ausführungen von Simon Feistel („Die Geschichte des Königsstuhles bei Rhense", 1842). Gegen diese oftmals unreflektierte Panegyrik wandten sich wenig später in der Zeit des Vormärz Anhänger von liberalen Idealen, darunter vor allem Ferdinand Freiligrath („Der Königsstuhl bei Rhense", 1843) und der Österreicher Hermann Rollett („Am Königsstuhl", 1846), die eine deutlich negativere Sichtweise vertraten. Ein Vierteljahrhundert später finden sich zahlreiche Versuche, die 1871 vollzogene Reichseinigung in direkten Zusammenhang mit dem Königsstuhl zu bringen, so etwa bei Hermann Grieben („Im Königsstuhl", 1870), Martin Greif (= Friedrich Hermann Frey, „Der Königsstuhl von Rense", 1871) und insbesondere in einem allegorischen Festspiel von Franz Bittong („Am Königsstuhl zu Rhense", 1871), das am Stadttheater zu Mainz anlässlich des Geburtstags Kaiser Wilhelms I. am 22. März 1871 aufgeführt wurde.

Seit dem Ende des 19. Jahrhunderts schwand das öffentliche Interesse am Königsstuhl zusehends, auch wenn die historische Bedeutung des Gebäudes insbesondere an den höheren Schulen in Lesebüchern vermittelt wurde, für die Christian von Stramberg eine Kurzfassung seines Textes aus dem „Rheinischen Antiquarius" angefertigt hatte. Noch einmal stand das Bauwerk anlässlich seiner Versetzung im Jahr 1929 im Mittelpunkt des rheinischen Interesses, bevor es in der zweiten Hälfte des 20. Jahrhunderts nahezu in Vergessenheit geriet.

◼ Das Modell des Königs-stuhls auf der Industrie- und Gewerbe-Ausstel-lung Düsseldorf (1902)

Spätestens seit der zweiten Hälfte des 16. Jahrhunderts wurde unweit des Königsstuhls eine im Rheinbett gelegene Quelle ausgebeutet. Dieser erstmals 1577 in den Schriftquellen belegte, 1784 jedoch im Verlauf eines extremen Hochwassers verschüttete Sauerbrunnen konnte 1857 erneut freigelegt und von 1862 bis zu seiner Aufgabe im Jahr 1894 genutzt werden. An seine Stelle traten noch im selben

Jahr der bis in eine Tiefe von 337 m erbohrte Rhenser Sprudel und die 1901 gewonnene Kaiser-Ruprecht-Quelle (Tiefe: 375 m). Bei beiden handelt es sich um warme, alkalisch-muriatisch-salinische Säuerlinge, die – wie im Fall der Kaiser-Ruprecht-Quelle seit dem Jahr 1904 – teils in natürlichem Zustand als Heilwasser, teils nach Entzug von Eisen und Übersättigung mit der der Quelle selbst entstammenden Kohlensäure als Tafelwasser versandt wurden. Unter den dem Ersteigentümer Heinrich Schwarz (1862–1883) im Jahr 1883 durch Kauf nachgefolgten Inhabern Victor Friedrich Meyer sowie dessen beiden Söhnen Fritz und Carl stieg der Absatz des „Rhenser Mineralbrunnens" im Jahr 1899 auf gut fünf Millionen Flaschen und 1905 auf rund sieben Millionen Gefäße.

Im Zuge großangelegter Werbetätigkeit beteiligte sich das Unternehmen auch an der unter dem Protektorat des preußischen Kronprinzen Wilhelm ausgerichteten „Industrie- und Gewerbeausstellung für Rheinland, Westfalen und benachbarte Bezirke, verbunden mit einer deutsch-nationalen Kunstausstellung", die 1902 in Düsseldorf unter Mitwirkung von insgesamt rund 2.500 Ausstellern mit 160 eigens dafür

Als Nachbau des Königsstuhls gestalteter Ausstellungspavillon der Rhenser Mineralbrunnen Fritz Meyer & Co. auf der Industrie- und Gewerbeausstellung in Düsseldorf, 1902

errichteten Ausstellungsgebäuden veranstaltet wurde. Der von der Rhenser Firma konzipierte Pavillon stellte sich als ein nahezu maßstabsgetreuer Nachbau des Königsstuhls aus dem 19. Jahrhundert mit allerdings durch Glas und Holz geschlossenen Bogenstellungen dar. Besucher konnten die über dem Erdgeschoss gelegene offene Plattform des Bauwerks über eine Treppe betreten und sich somit einen Überblick über das umliegende Ausstellungsgelände verschaffen. In Anerkennung der gelungenen Präsentation wurde der „Rhenser Mineralbrunnen Fritz Meyer & Co., Rhens am Rhein" nicht nur durch die – noch vorhandene – Goldene Ausstellungsmedaille, sondern zusätzlich mit der Bronzenen Staatsmedaille ausgezeichnet. Da sämtliches relevante Schriftquellenmaterial nach derzeitigem Forschungsstand als verloren gelten muss, bleiben alle weiteren Details etwa über den Kostenaufwand und die benutzten Baumaterialien ebenso unklar wie die Verwendung des Pavillons nach Ausstellungsende.

▨ Die Kaiser Ruprecht Bruderschaft

Die am 21. August 1977 von Bernward Dieme, Michael Dillmann, Jakob Kron, Hans Nick, Helmuth Rößling und Engelbert Weber gegründete „Kaiser Ruprecht Bruderschaft zur Pflege des Andenkens an den Königsstuhl zu Rhense und deutscher Geschichte" widmet sich getreu ihrem Namen der Bewahrung und Pflege des Königsstuhls als einem hervorragenden Denkmal rheinischer und deutscher Geschichte und bemüht sich um Förderung des Geschichtsbewusstseins und des Friedensgedankens in der Öffentlichkeit. Ihr Name reflektiert die Tatsache, dass Pfalzgraf Ruprecht III. im Jahr 1400 von den Kurfürsten gemäß den Bestimmungen der Goldenen Bulle nicht nur zum römischen König, sondern außerdem zum künftigen

Das auf Initiative der Kaiser Ruprecht Bruderschaft 1980 errichtete, 2011 vollständig erneuerte Friedenskreuz

Seite 48:
oben:
Goldene Ausstellungsmedaille in der Gruppe „Nahrungs- und Genussmittel" für den Rhenser Mineralbrunnen. Das dazugehörige Diplom und die ebenfalls verliehene Bronzene Staatsmedaille sind verloren.

unten:
Die Gründer der Kaiser Ruprecht Bruderschaft im Jahr 1977: Michael Dillmann, Engelbert Weber, Bernward Dieme, Hans Nick, Helmuth Rößling und Jakob Kron (von links oben nach rechts unten)

Seite 50/51:
Plattform mit umlaufender Sitzbank und Blick in das Rheintal

Kaiser gewählt worden ist – auch wenn es Ruprecht letztlich nicht gelungen ist, sich auf seinem Italienzug 1401–1402 vom Papst in Rom zum Kaiser krönen zu lassen und er damit diesen Titel weder führen konnte noch jemals in seinen Urkunden verwendet hat.

Unter Führung des Vorstands, der aus dem jährlich gewählten Bruderschafts-kanzler (bis August 2014 Gerhard Gareis, seitdem Franz Obst) sowie aus dem von ihm ernannten Säckelmeister (Dieter Müller) und dem Schreiber (bis August 2014 Johannes Thul, seitdem Christian Opitz) besteht, organisiert die Bruderschaft jährlich zahlreiche interne und öffentliche Veranstaltungen und gibt Publikationen heraus, die der gemeinsamen Zielsetzung dienen.

Danksagung

Die Verfasser bedanken sich herzlich bei der Kaiser Ruprecht Bruderschaft in Rhens, die 2012 unter der Ägide des Bruderschaftskanzlers Gerhard Gareis (Vallendar) den Beschluss zur Herausgabe des vorliegenden Buchs nebst seiner Aufnahme in die Veröffentlichungsreihe der Bruderschaft gefasst hat, und für die angenehme Zusammenarbeit mit dem Vorstand. Das außerordentlich erfolgreiche und wohlwollende Engagement insbesondere der Herren Heinz-Peter Mertens (Waldesch) und Dieter Müller (Rhens) um die Finanzierung sei an dieser Stelle ebenso gewürdigt wie die freundliche Unterstützung durch die Sparkasse Koblenz. Dank gebührt zudem Herrn Hans-Georg Karbach (Koblenz) für seine liebenswürdige Unterstützung von Beginn an sowie Herrn Dietrich Gülow (Lahnstein) für manchen sachlichen Hinweis.

Für die anspruchsvolle Arbeit des Korrekturlesens und/oder fachliche Hinweise wissen sich die Autoren den Damen Astrid Sibbe und Margarete Ch. Thon (beide Lahnstein) sowie den Herren Dr. Ansgar S. Klein (Bonn), Udo Liessem (Bendorf/Koblenz) und Heinz R. Thon (Lahnstein) sehr verbunden. Ohne die gewohnt problemlose Zusammenarbeit mit dem Verlag Schnell & Steiner in Regensburg in Person von Herrn Dr. Albrecht Weiland einschließlich des akribischen und geduldigen Lektorats von Frau Sabine Behrer M.A. hätte das Buch nicht erscheinen können.

Schließlich gilt ein Dank für unkomplizierte fachliche und organisatorische Unterstützung den Institutionen: Generaldirektion Kulturelles Erbe Rheinland-Pfalz, Direktion Landesdenkmalpflege (Mainz), Landesarchiv Nordrhein-Westfalen (Duisburg), Landeshauptarchiv Koblenz (Koblenz), Landesbibliothekszentrum Rheinland-Pfalz, Rheinische Landesbibliothek (Koblenz), LVR-Amt für Denkmalpflege im Rheinland (Pulheim-Brauweiler), Österreichisches Staatsarchiv, Haus-, Hof- und Staatsarchiv (Wien), Rhenser Mineralbrunnen GmbH (Rhens), Roentgen-Museum Neuwied (Kreismuseum Neuwied) (Neuwied) und Stadtarchiv Koblenz (Koblenz).

Quellen und Literatur

Neben den nachfolgend genannten gedruckten Schriftquellen sind für die Geschichte des Königsstuhls im 19. und 20. Jahrhundert unbedingt die im Landeshauptarchiv Koblenz in verschiedenen Beständen lagernden Archivalien zu benutzen. Unter diesen befindet sich auch das vierseitige, nur fragmentarisch erhaltene Manuskript von Joseph Ignaz Kügelgen über die Geschichte des Bauwerks mit dem Titel „Königsstuhl zu Rhens" aus dem Jahr 1812 (Best. 700,114 Nr. 7).

Sebastian Brant, Eyn Chronick über Teutschland (Auszüge), in: Caspar HEDIO, Ein außerleße Chronick von anfang der welt bis auff das iar nach Christi vnsers eynigen Heylands gepurt M.D.XXXIV, Straßburg 1539, S. 731–778, hier S. 740.

Z[EILLER], M[artin] (Textautor) [u. Matthäus MERIAN D.Ä. (Bildautor)]: Topographia Hassiae, et regionum vicinarum (...), Frankfurt am Main 1646, S. 67.

WINKELMANN, Johann-Just: Gründliche und Warhafte Beschreibung der Fürstenthümer Hessen und Hersfeld (...), Bremen 1697, Tl. 2, Kap. 3, S. 121.

RINK, Christian G. L.: Dissertatio topographico-historica de inclyta sede regali ad Rense vulgo Von dem Königs-Stuhl bey Rhens, Diss. phil. Altdorf [bei Nürnberg] 1735.

[DIELHELM, Johann H.]: Denkwürdiger und nützlicher Rheinischer Antiquarius (...), Frankfurt am Main 1739, S. 488–492.

[VOGEL, Johann P.N.M.]: Chorographia Rhensensis [sic!], in: Churfürstlich-Cöllnischer Hof-Calender auf das Jahr 1774, hrsg. v. DEMS., o.O. [Bonn] 1774, S. 127–179.

BECK, [Friedrich A.]: Geschichte des Königsstuhles bei Rhense, in: Gemeinnützige und unterhaltende Rheinische Provinzial-Blätter N.F. 2, 1835, Bd. 1, S. 3–18.

DRONKE, [Ernst F.J.]: Zur Geschichte des Königsstuhles bei Rhense, in: ebd., S. 230–232.

N.N. [HAAS, Robert]: Der Königsstuhl, in: Didaskalia. Blätter für Geist, Gemüth und Publizität 16, 1838, Nr. 335 vom 5. Dezember, S. 2f.

N.N.: [Geldsammelaufruf des Comités zur Wiederherstellung des Königstuhls bei Rhense], in: Rhein- und Mosel-Zeitung [10], 1840, Nr. 357 vom 30. Dezember, S. 1f. [eingel. ND in: Allgemeine Preußische Staats-Zeitung 29, 1841, Nr. 3 vom 3. Januar 1841, S. 11f.].

KUGLER, F[ranz]: Ueber den Königsstuhl von Rhense, in: Allgemeine Preußische Staats-Zeitung 29, 1841, Nr. 13 vom 13. Januar 1841, S. 51f. [neu gesetzter ND in: DERS., Kleine Schriften und Studien zur Kunstgeschichte, 3 Tle., Stuttgart 1853–54, hier Tl. 2, 1854, S. 37–39].

FEISTEL, Simon: Die Geschichte des Königsstuhles bei Rhense, Coblenz 1842.

VON STRAMBERG, Chr[istian]: Das Rheinufer von Coblenz bis zur Mündung der Nahe (Denkwürdiger und nützlicher Rheinischer Antiquarius [...], Abth. II, Bde. 2–9), 8 Bde., Coblenz 1851–60, hier Bd. 3 (= Abth. II, Bd. 4), 1854, S. 327–334 u. 368–383.

HELLBACH, J[osef]: Zur Geschichte des Königsstuhls und der Wenzelkapelle, in: Rhenus. Beiträge zur Geschichte des Mittelrheins 1, 1883, S. 1f., 8f., 15–18, 22–24, 31–33, 43–45, 50f., 56, 58f., 67–70, 78–81, 88–92. – ebd. 2, 1884, Sp. 1–7, 17–22, 33–37, 117–120, 147–149, 166–173 u. 181–193.

WEIZSÄCKER, [Julius]: Rense [sic!] als Wahlort, in: Abhandlungen der Königlichen Akademie der Wissenschaften zu Berlin, Philosophisch-historische Classe XX, 1890, S. 1–66.

BELLINGHAUSEN, Hans: Rhens und der Königsstuhl. Eine historisch-geographische Studie, Coblenz 1914, passim.

DERS.: Rhens am Rhein und der Königsstuhl. Ein deutsches Heimatbuch, Koblenz 1929, S. 100–106.

Die Kunstdenkmäler des Landkreises Koblenz (Die Kunstdenkmäler der Rheinprovinz, Bd. 16/3), bearb. v. Hans E. KUBACH, Fritz MICHEL u. Hermann SCHNITZLER, Düsseldorf 1944, S. 286–290.

PRÖSSLER, Helmut: Rhens, die Kurfürsten und die deutsche Königswahl, in: Annalen des Historischen Vereins für den Niederrhein insbesondere für das alte Erzbistum Köln 165, 1963, S. 228–240.

SCHWIEGER, Frank: Johann Claudius von Lassaulx 1781–1848. Architekt und Denkmalpfleger in Koblenz (Rheinischer Verein für Denkmalpflege und Heimatschutz, Jb. 1969), Neuss 1968, S. 87f.

REINLE, Adolf: Zeichensprache der Architektur. Symbol, Darstellung und Brauch in der Baukunst des Mittelalters und der Neuzeit, Zürich/München 1976 [2., unv. Aufl. ebd. 1984], S. 308.

LIESSEM, Udo: Studien zum Werk von Johann Claudius von Lassaulx 1781–1848 (Koblenzer Beiträge zur Geschichte und Kultur, Bd. 5), Koblenz 1989, S. 248–252, 261–264 u. 266f.

VOLK, Otto: Von Grenzen ungestört – auf dem Weg nach Aachen. Die Krönungsfahrten der deutschen Könige im späten Mittelalter, in: Grenzen erkennen – Begrenzungen überwinden. Festschrift für Reinhard Schneider zur Vollendung seines 65. Lebensjahres, hrsg. v. Wolfgang HAUBRICHS, Kurt-Ulrich JÄSCHKE u. Michael OBERWEIS, Sigmaringen 1999, S. 263–297.

KÜHL, Henriette: ... *groß und herrlich wie ... ein Koloss, eine Pyramide, ein Dom zu Köln*. Politische Denkmäler 1813–1848, in: Der Geist der Romantik in der Architektur. Gebaute Träume am Mittelrhein (Veröffentlichungen des Landesmuseums Koblenz, Reihe B, 68), hrsg. v. Landesmuseum Koblenz, Regensburg 2002, S. 73–83, hier S. 78–81.

SCHUBERT, Ernst: Königsabsetzung im deutschen Mittelalter. Eine Studie zum Werden der Reichsverfassung (Abhandlungen der Akademie der Wissenschaften zu Göttingen. Philiosophisch-historische Klasse, Dritte Folge, Bd. 267), Göttingen 2005, passim.

WERQUET, Jan: Historismus und Repräsentation. Die Baupolitik Friedrich Wilhelms IV. in der preußischen Rheinprovinz (Kunstwissenschaftliche Studien, Bd. 160), Berlin/München 2010, S. 98–100, 153–155 u. 542.

BÜTTNER, Andreas: Der Weg zur Krone. Rituale der Herrschererhebung im spätmittelalterlichen Reich (Mittelalter-Forschungen, Bd. 35), 2 Tle., Ostfildern 2012, passim.

Abbildungsnachweis

Alle undatierten Abbildungen wurden 2014 aufgenommen.

Franz BITTONG, Am Königsstuhl zu Rhense. Allegorisches Festspiel in einem Aufzuge, Mainz 1871, Titelblatt: S. 46. – Les bords du Rhin. Souvenir des plus beaux Sites, Paris o.J. [um 1860], Bl. 20: S. 26. – Collection de cinquante vues du Rhin les plus intéressantes et les plus pittoresques, depuis jusqu'à Dusseldorf, Wien o.J. [1798], Bl. 23: S. 19. – Johannes Erichsen, München / Visualisierung: Peter Götz, München: S. 32. – Generaldirektion Kulturelles Erbe Rheinland-Pfalz, Direktion Landesdenkmalpflege, Mainz, Fotosammlung: S. 38f. – Die Goldene Bulle. König Wenzels Prachthandschrift. Codex Vindobonensis 338 der Österreichischen Nationalbibliothek (Glanzlichter der Buchkunst, Bd. 11), komment. v. Armin WOLF, Graz 2002, Bl. 15v: S. 2. – Der heilige Leopold. Landesfürst und Staatssymbol (Ausstellungskatalog) (Katalog des Niederösterreichischen Landesmuseums N.F., Nr. 155), red. v. Floridus RÖHRIG u. Gottfried STANGLER, Wien 1985, Abb. 76, zwischen S. 128 u. 129: S. 13. – Heiliges Römisches Reich deutscher Nation 962 bis 1806. Von Otto dem Grossen bis zum Ausgang des Mittelalters, 2 Bde., hrsg. v. Matthias PUHLE u. Claus-Peter HASSE, 2 Bde., Dresden 2006, hier [Bd. 1:] Katalog, S. 416: S. 5; ebd., 419: S. 7 – Kaiser Heinrichs Romfahrt. Zur Inszenierung von Politik in einer Trierer Bilderhandschrift des 14. Jahrhunderts (Mittelrheinische

Hefte, 21), bearb. v. Wolfgang Schmid, Koblenz 2000, Taf. 3 unten, S. 131: S. 6. – Kaiser Ruprecht Bruderschaft zur Pflege des Andenkens an den Königsstuhl zu Rhense und deutscher Geschichte, Rhens, Archiv, o. Sign.: S. 48 unten. – Landesarchiv Nordrhein-Westfalen, Duisburg, Abt. Rheinland, Kurköln, Urkunden, Nr. 1286: S. 8f.; ebd, Nr. 4143: S. 14f. – Landeshauptarchiv Koblenz, Koblenz, Best. 403, Nr. 1178, Bl. 63: S. 23. – Landschaft, Sage, Geschichte und Monumentales der Rhein Provinz [sic!], Düsseldorf o.J. [1865], Bl. 20 (= Zweite Abth., Bl. 5) (Ausschnitt): S. 20. – LVR-Amt für Denkmalpflege im Rheinland, Pulheim-Brauweiler, Planarchiv, Skizzenbuch Rodikin, Bd. II, fol. 384: S. 17. – Mittelalter. Der Griff nach der Krone. Die Pfalzgrafschaft bei Rhein im Mittelalter (Schätze aus unseren Schlössern, Bd. 4), red. v. Volker Rödel, Regensburg 2000, S. 268: S. 11. – Österreichisches Staatsarchiv, Haus-, Hof- und Staatsarchiv Wien, HS Blau 43, fol. 34r-34v: S. 12 – Johann D. von Olenschlager, Erläuterte Staats-Geschichte des Römischen Kayserthums in der Ersten Helfte des Vierzehenden Jahr-Hunderts (...), Frankfurt am Main 1755, zwischen Inhalt(sverzeichnis) u. Einleitung: Nachsatz. – Preußische Kartenaufnahme. Uraufnahme (Urmeßtischblätter), Bd. III, Bl. 2, 1847/49 = Bl. 5711 (Boppard), hrsg. v. Landesamt für Vermessung und Geobasisinformation, Koblenz 2003: S. 24 unten. – Rheinisches Album. Eine Sammlung der interessantesten Ansichten des Rheins zwischen Mainz, Coblenz und Düsseldorf (...), neue, reich verm. Ausg. Frankfurt am Main o.J. [1847], Tl. 4: Der Rhein, Taf. 32: S. 24 oben. – Rhenser Mineralbrunnen GmbH, Rhens/Aufnahme Alexander Thon, Lahnstein: S. 27 unten, 48 oben. – Rink 1735 (vgl. Quellen und Literatur), Frontispiz: S. 18. – Roentgen-Museum Neuwied (Kreismuseum Neuwied), Inv.-Nr. 396/Aufnahme: Alexander Thon, Lahnstein: S. 21. – Astrid Sibbe, Lahnstein: S. 30, 41 – Alexander Thon, Lahnstein: Vordere Umschlagseite, S. 4, 10, 25, 27 Mitte (Umzeichnung nach Skizze im Landeshauptarchiv Koblenz, Best. 441, Nr. 28421, Bl. 11), 28f., 31, 34-36, 40, 42-45, 47, 49-51, rückwärtige Umschlagseite. – Wilhelm Dilich. Landtafeln hessischer Ämter zwischen Rhein und Weser 1607-1625 (Schriftenreihe der Universitätsbibliothek Kassel – Landesbibliothek und Murhardsche Bibliothek der Stadt Kassel, Bd. 10), hrsg. v. Ingrid Baumgärtner, Martina Stercken u. Axel Halle, Kassel 2011, Taf. 46, S. 116: Vorsatz, S. 33 – Winkelmann 1697 (vgl. Quellen und Literatur), Titelblatt: S. 16.

Wir bedanken uns für die freundliche Unterstützung bei:

Heinz-Peter Mertens, Waldesch   Sparkasse Koblenz

Königsstuhl bei Rhens (Landkreis Mayen-Koblenz, Rheinland-Pfalz)
unmittelbar neben der Landesstraße 208 unweit der Stadt Rhens

Eigentümer
Land Rheinland-Pfalz, Generaldirektion Kulturelles Erbe Rheinland-Pfalz, Direktion
Burgen – Schlösser – Altertümer, Festung Ehrenbreitstein, 56075 Koblenz
Tel. 02621/6675-0, www.gdke-rlp.de / www.burgen-rlp.de
(Stichwort Liegenschaften, Königsstuhl)

Kaiser Ruprecht Bruderschaft
Kaiser Ruprecht Bruderschaft zur Pflege des Andenkens an den Königsstuhl zu
Rhense und deutscher Geschichte, c/o Franz Obst (Bruderschaftskanzler),
Löhrstraße 78–80, 56068 Koblenz; www.krb.de

Bibliografische Information der Deutschen Nationalbibliothek Die Deutsche Nationalbibliothek verzeichnet diese Publikation in der Deutschen Nationalbibliografie; detaillierte bibliografische Daten sind im Internet über http://dnb.d-nb.de abrufbar.

1. Auflage 2015
ISBN 978-3-7954-2698-9
Diese Veröffentlichung bildet Band 276 in der Reihe „Große Kunstführer" unseres Verlages. Begründet von Dr. Hugo Schnell † und Dr. Johannes Steiner †.

© 2015 Verlag Schnell & Steiner GmbH, Leibnizstraße 13, D-93055 Regensburg
Telefon: (09 41) 7 87 85-0
Telefax: (09 41) 7 87 85-16
Druck: Erhardi Druck GmbH, Regensburg

Weitere Informationen zum Verlagsprogramm erhalten Sie unter:
www.schnell-und-steiner.de

Dieser Große Kunstführer ist in Kooperation des Verlags Schnell & Steiner mit der Kaiser Ruprecht Bruderschaft zur Pflege des Andenkens an den Königsstuhl zu Rhense und deutscher Geschichte entstanden. Er erscheint zugleich als Band 1 in der Reihe „Veröffentlichungen der Kaiser Ruprecht Bruderschaft zur Pflege des Andenkens an den Königsstuhl zu Rhense und deutscher Geschichte".

Vordere Umschlagseite:
Ansicht des Königsstuhls von Süden

Rückwärtige Umschlagseite:
Der Königsstuhl auf der Rheinhöhe Schawall über der Stadt Rhens – Fernansicht über den Rhein von Nordwesten

Vorsatz:
Karte von Stadt und Pfandschaft Rhens mit Darstellung der Stadt (links oben) und des Königsstuhls (rechts unten) – Handkolorierte Federzeichnung von Wilhelm Dilich, o.J. [um 1608/1609]

Nachsatz:
Panorama der Gegend um den Königsstuhl mit Burgruine Stolzenfels (im Hintergrund links), Johanniskirche bei Niederlahnstein (Hintergrundmitte), Oberlahnstein (rechts) und Burgruine Lahneck (im Hintergrund rechts oben) – Kupferstich von M[artin] Tyroff nach eigener Zeichnung, o.J. [vor 1755]